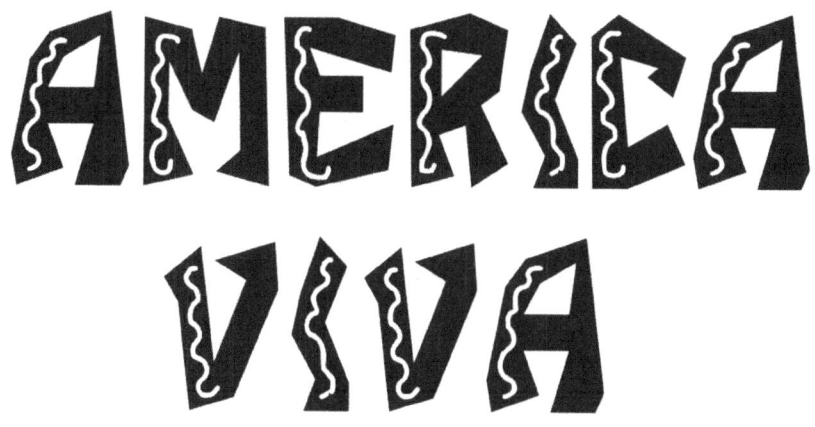

AMERICA VIVA

Jorge Lulić
Libro Para Colorear
Diseños de Arte Precolombino

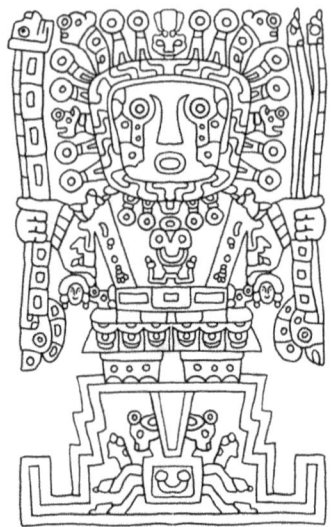

Gracias por comprar mi libro para colorear.

Espero que disfruten de colorear cada página tanto como a mí me gustó diseñarlas.

Todas las ilustraciones de este libro están inspiradas en el arte visual precolombino de las civilizaciones Azteca, Maya e Inca.

Parte de mi ascendencia familiar provenía de la gente quechua y mi abuelo podía hablar fluidamente el quechua.

Los indios quechuas de los Andes centrales (Perú, Ecuador, Bolivia y el norte de Chile) son los descendientes directos de los Incas.

El Imperio Inca, que existía un siglo antes de la llegada de los españoles, era una civilización muy desarrollada y creativa.

Sumérgete en el color, la creatividad y en el maravilloso mundo del arte precolombino.

Espero disfrutes del arte de colorear.

Jorge Lulić

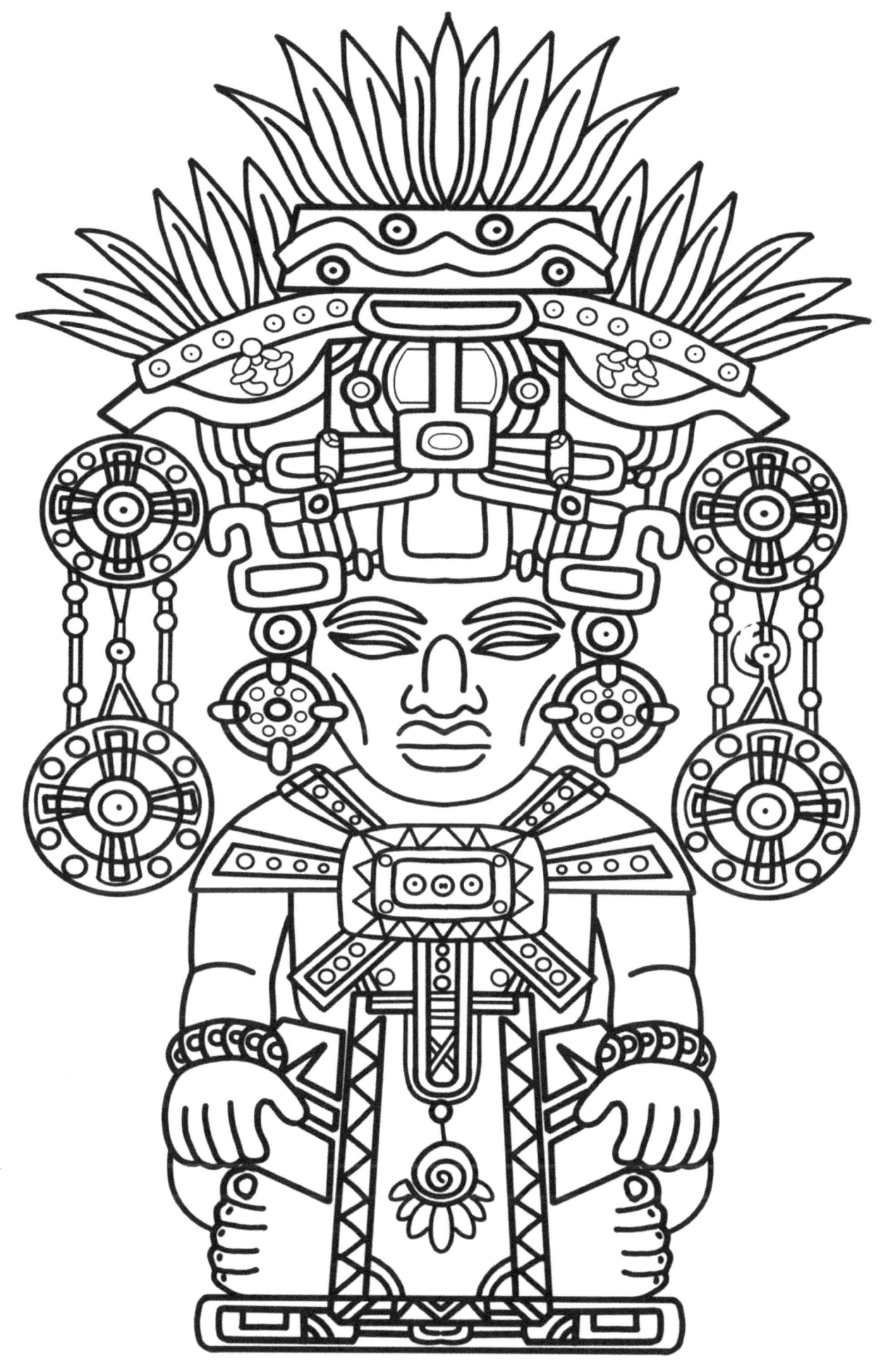

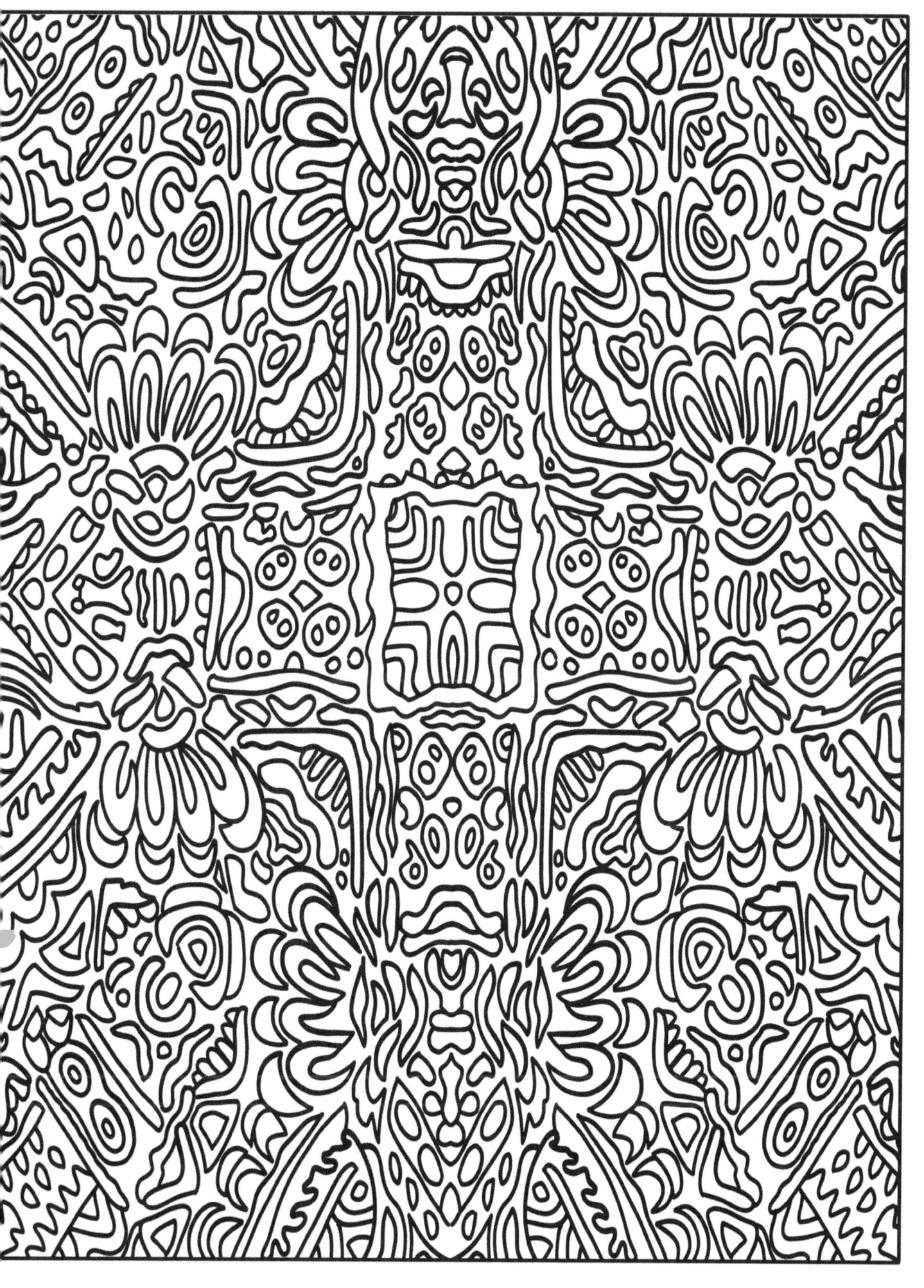

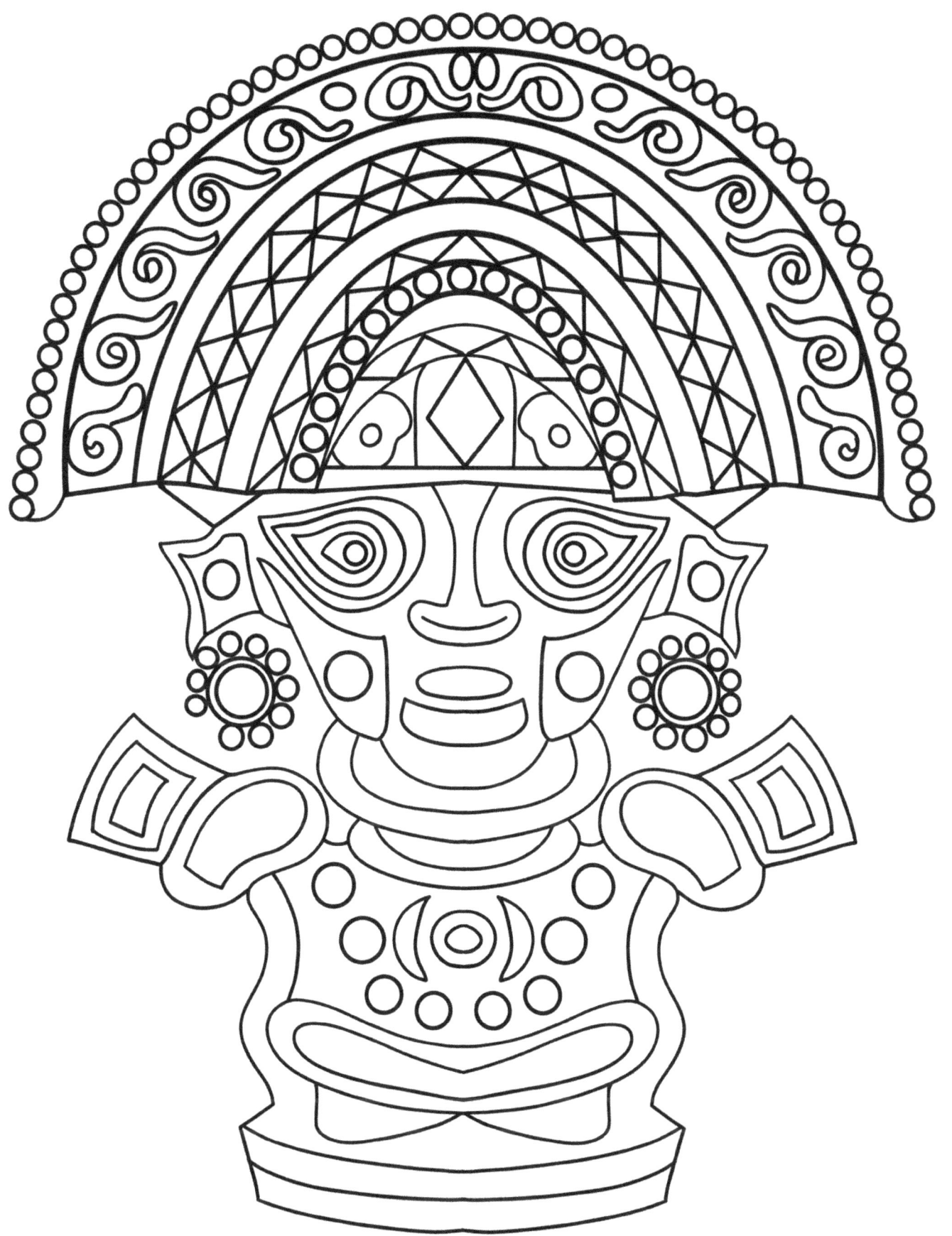

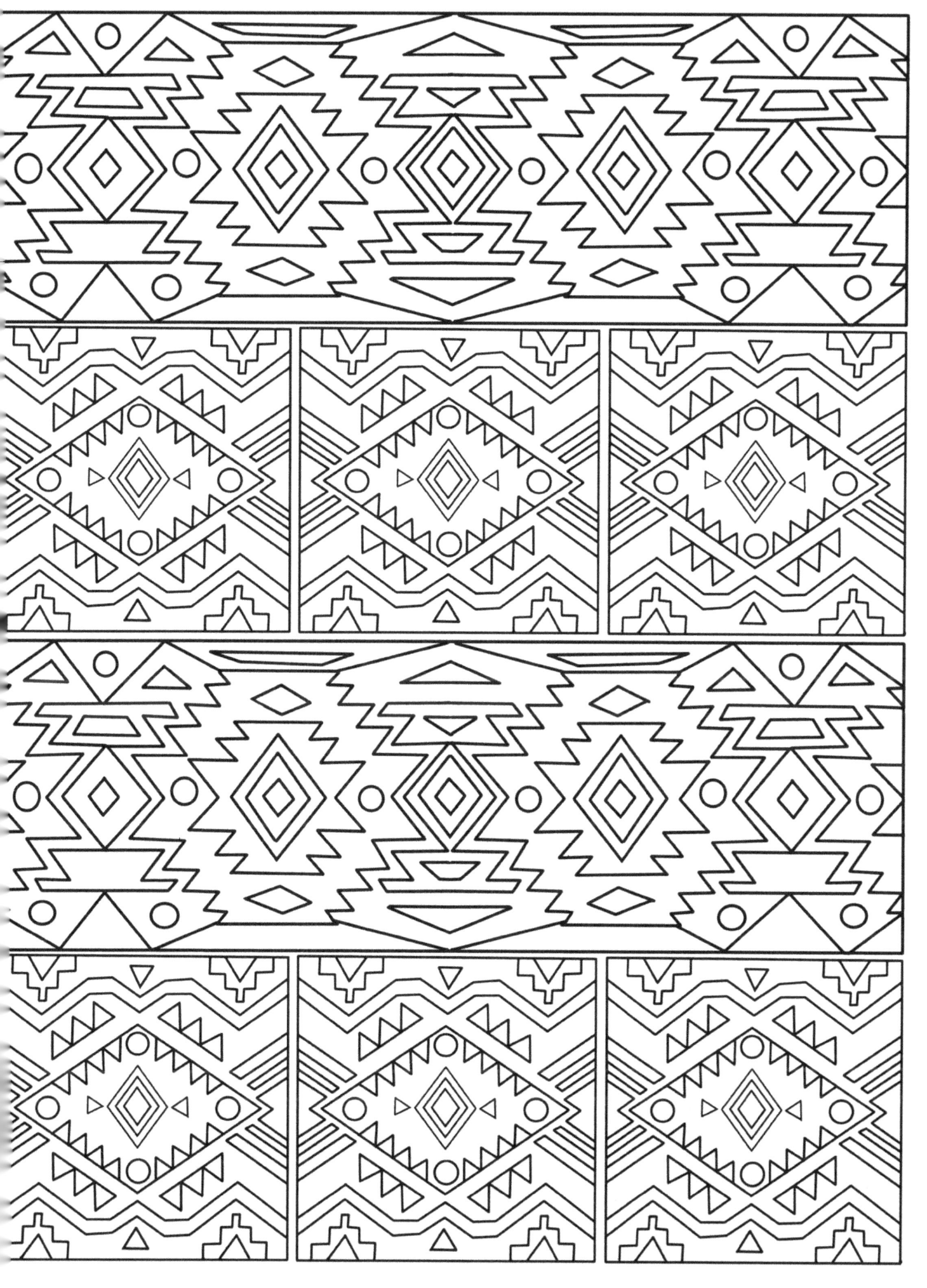

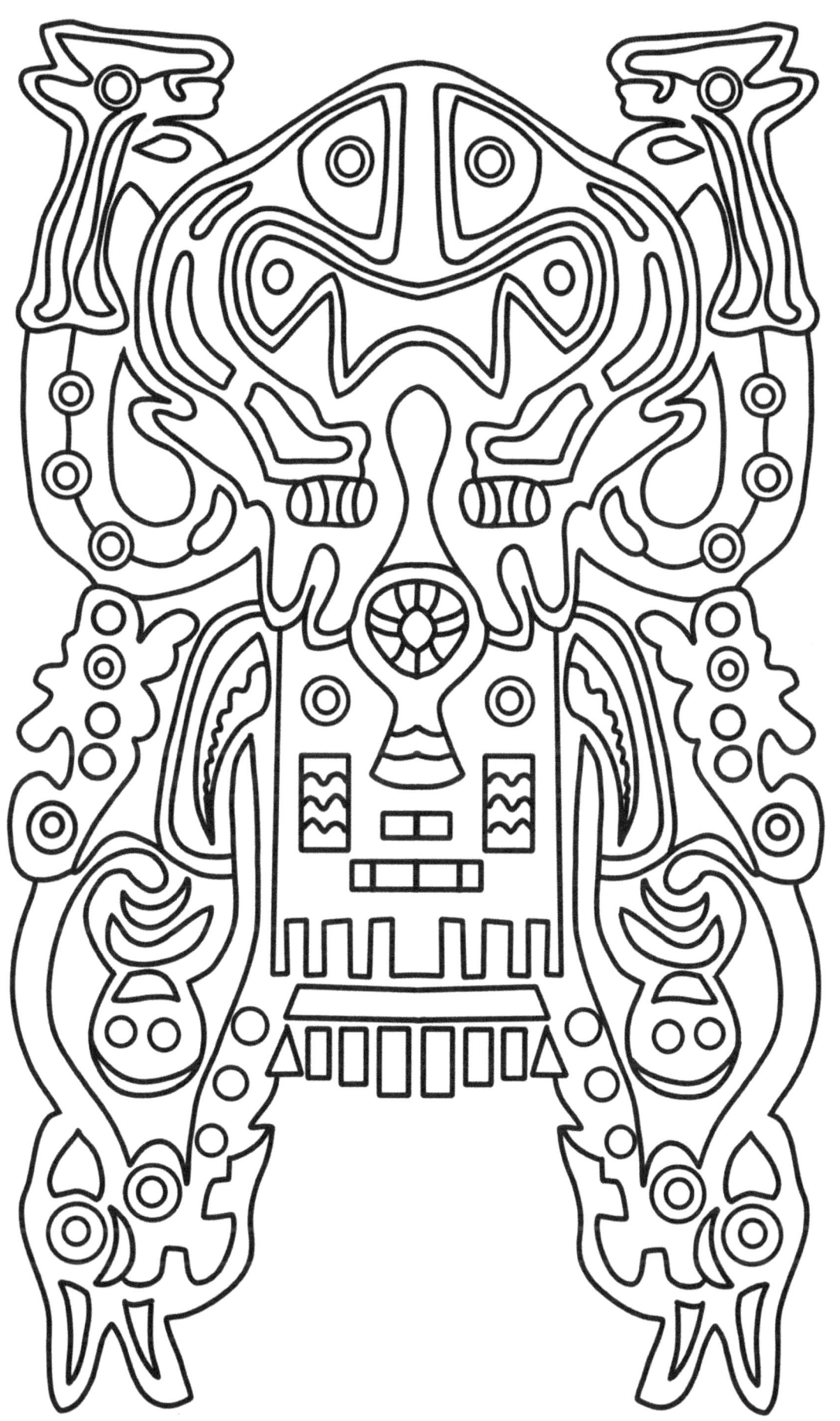

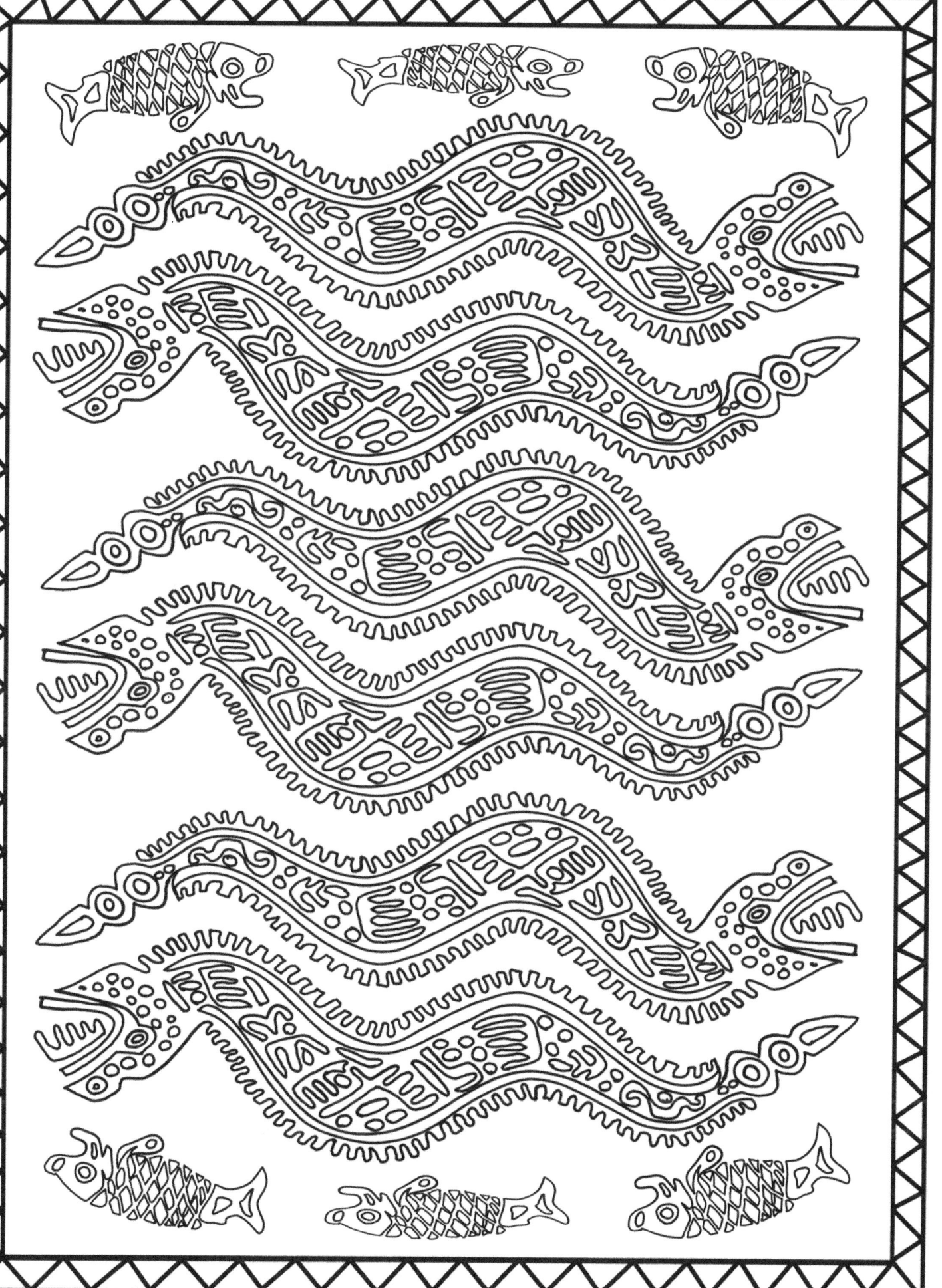

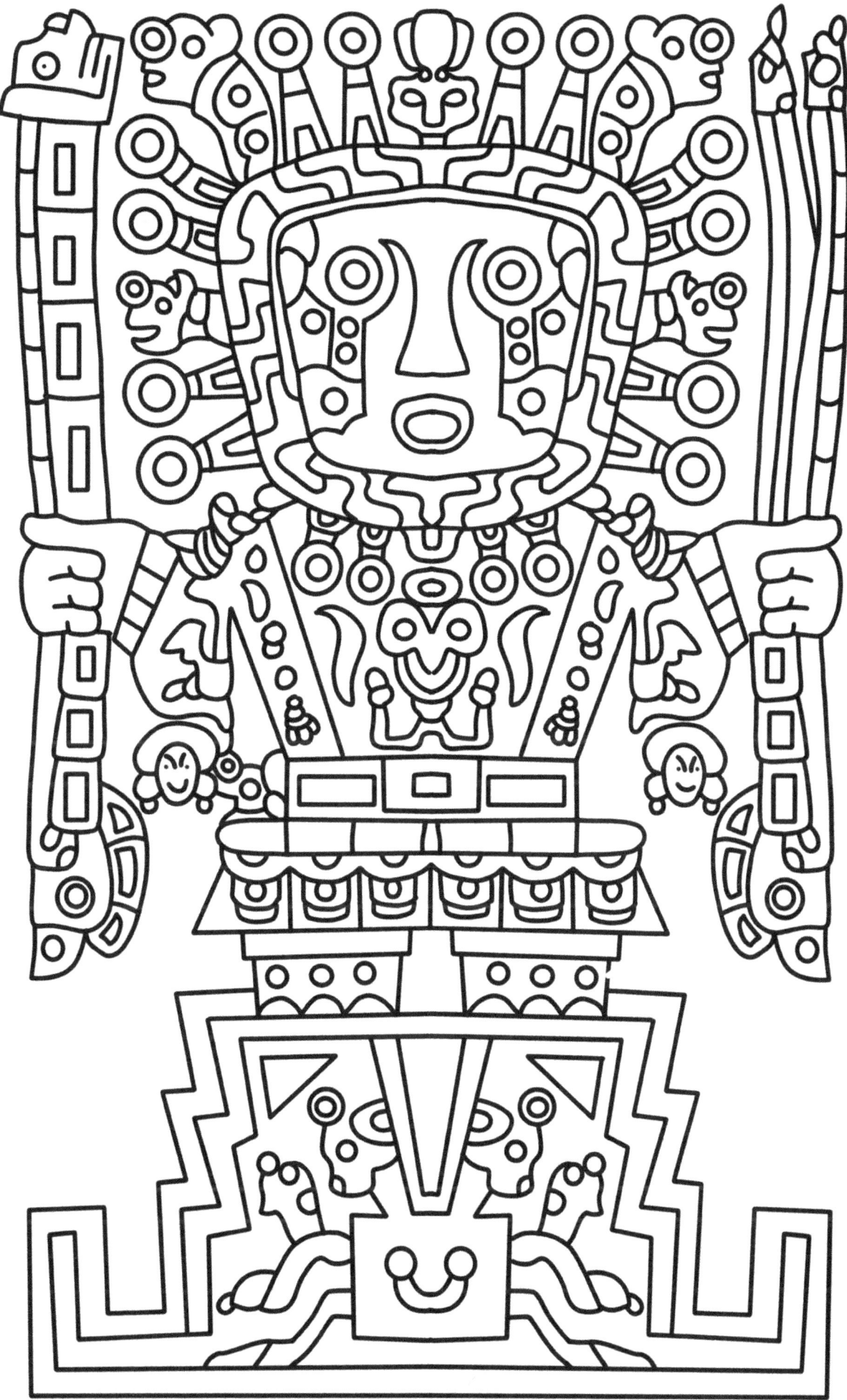

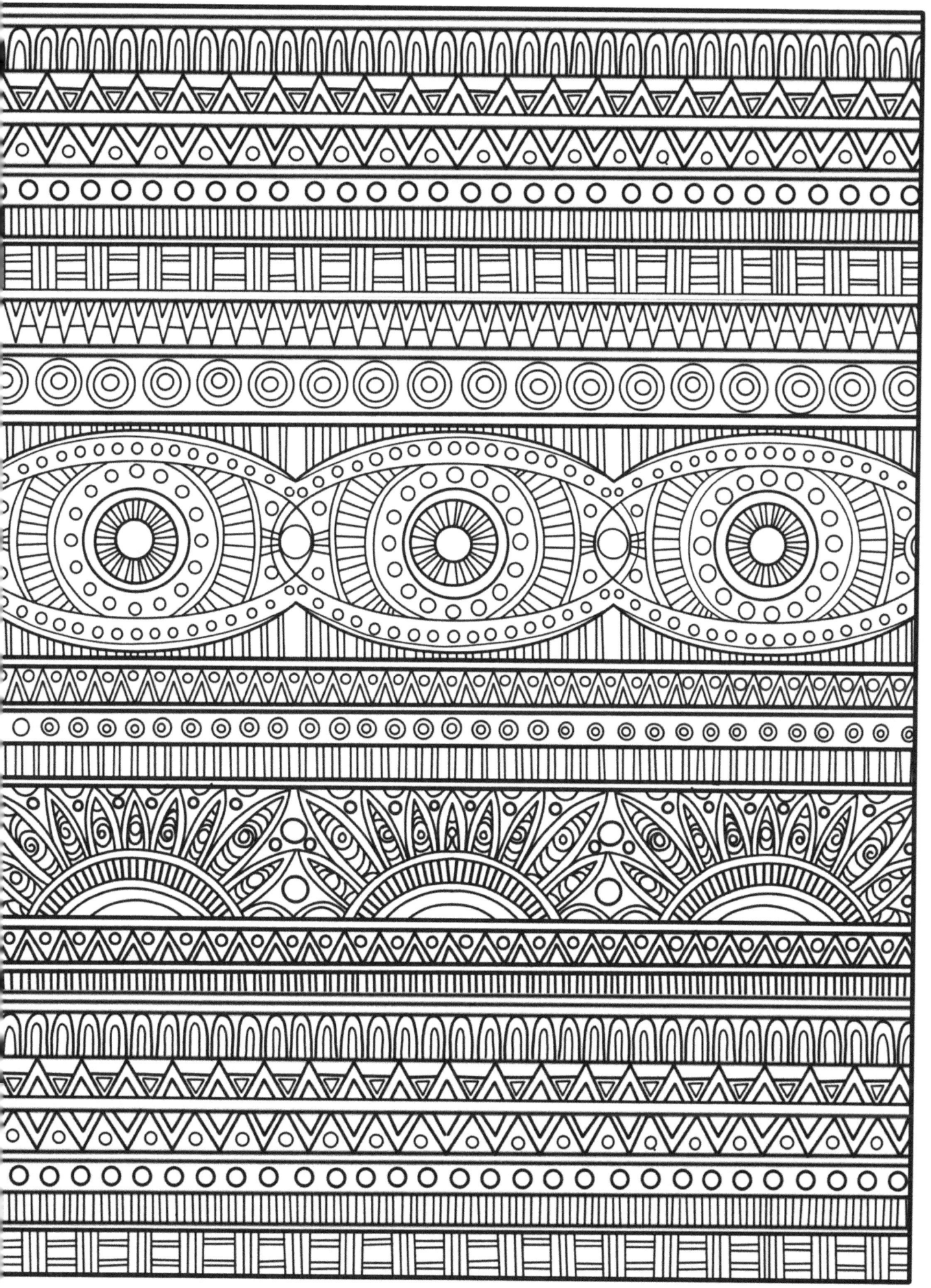

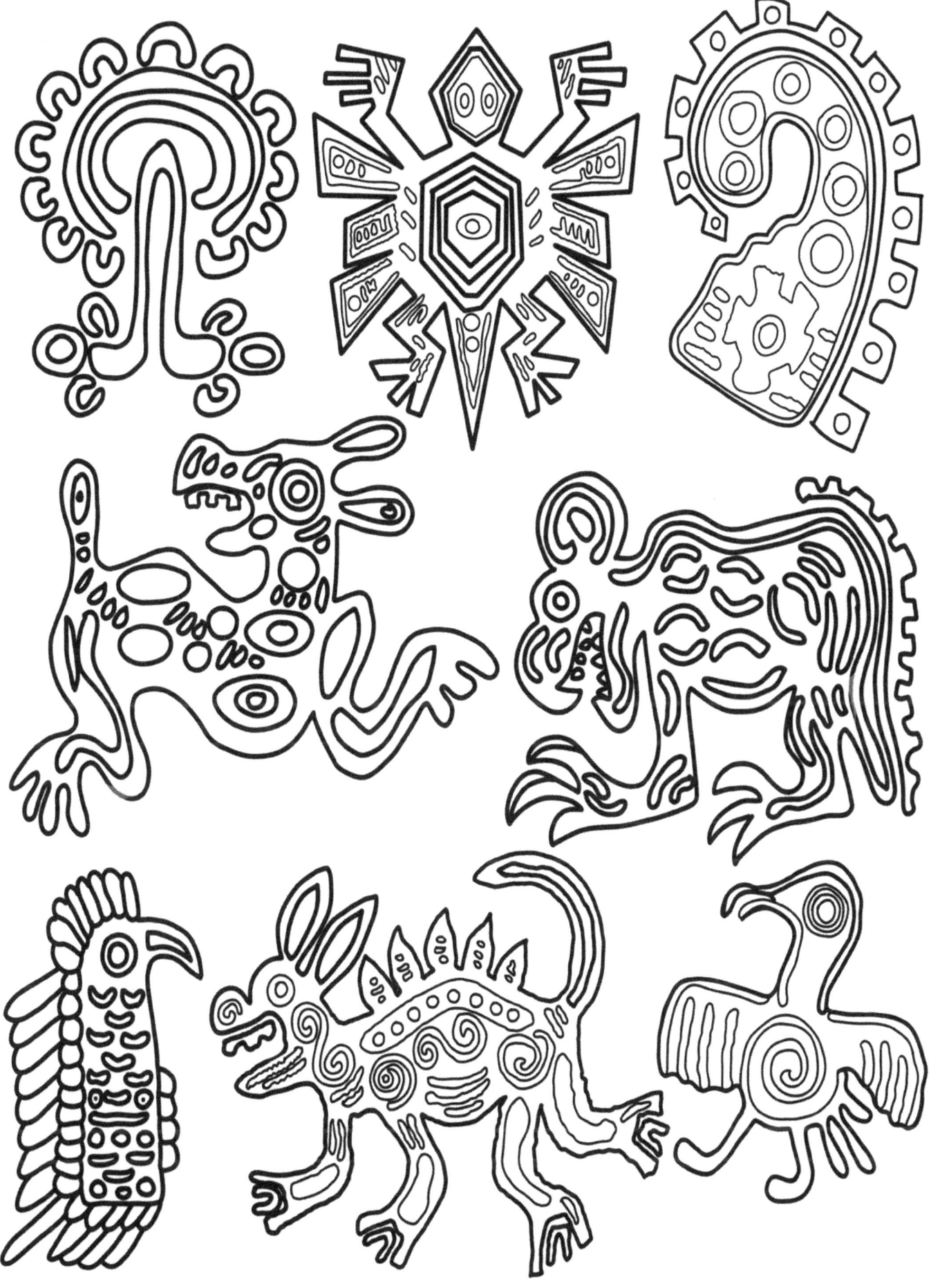

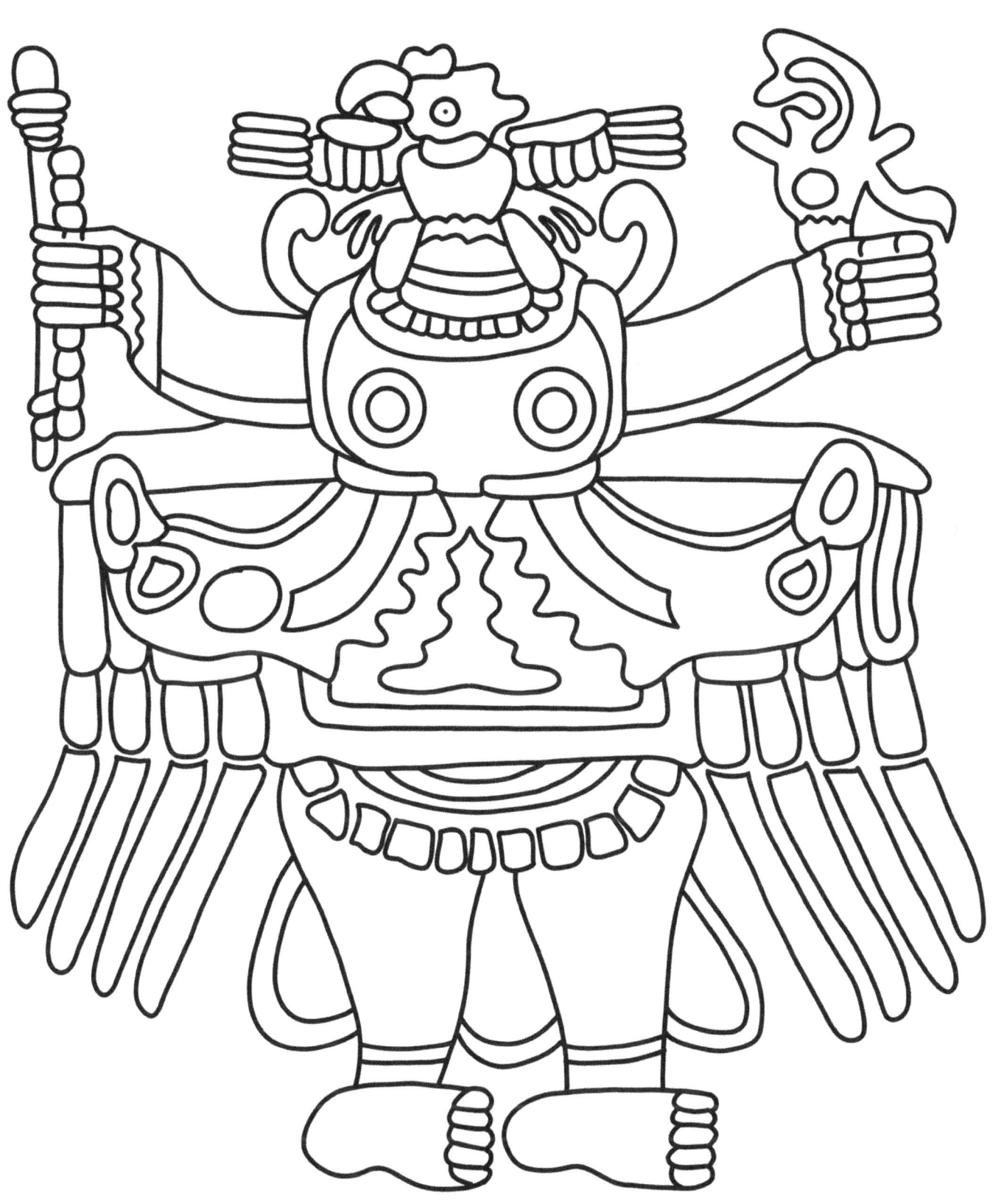

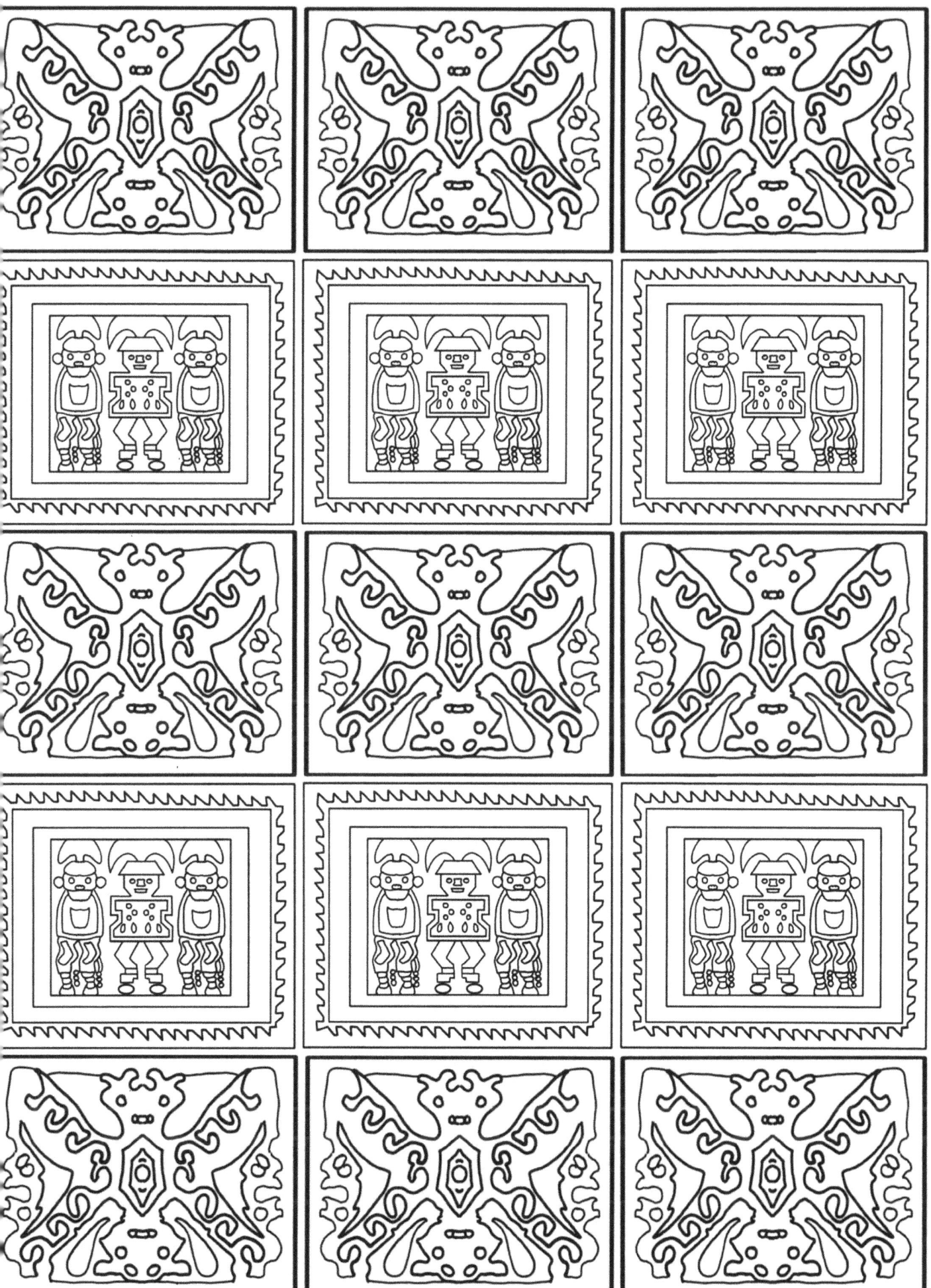

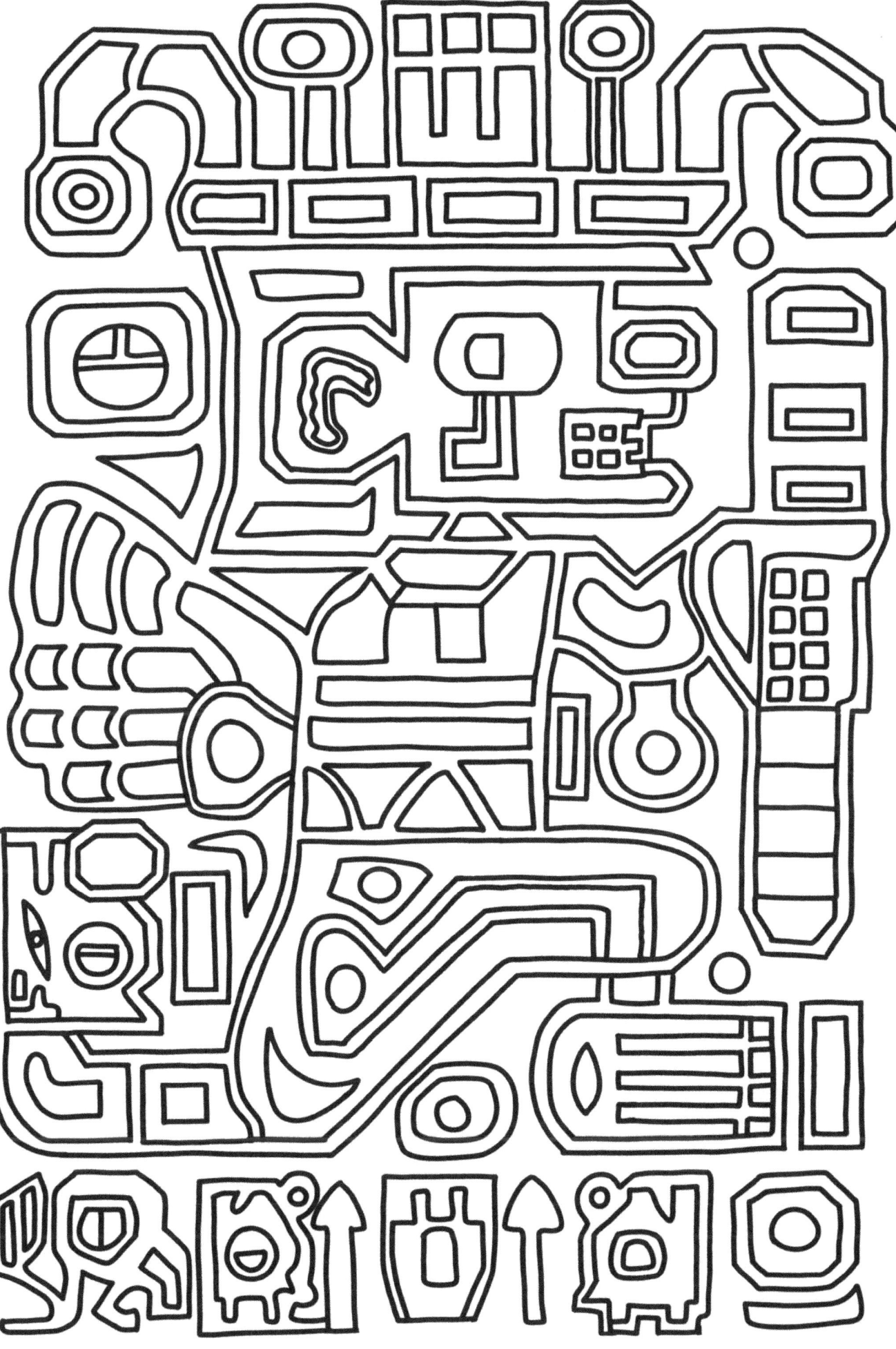

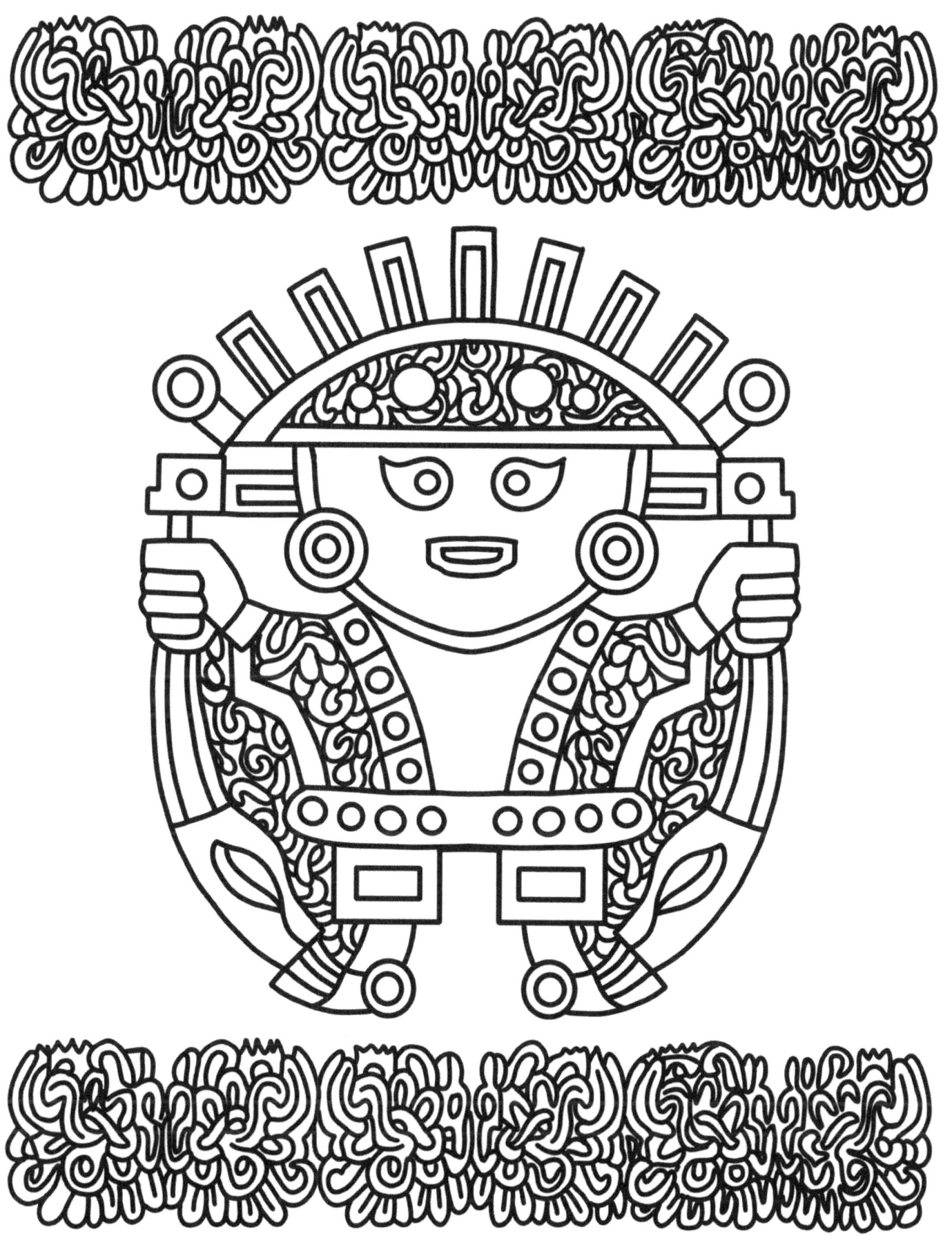

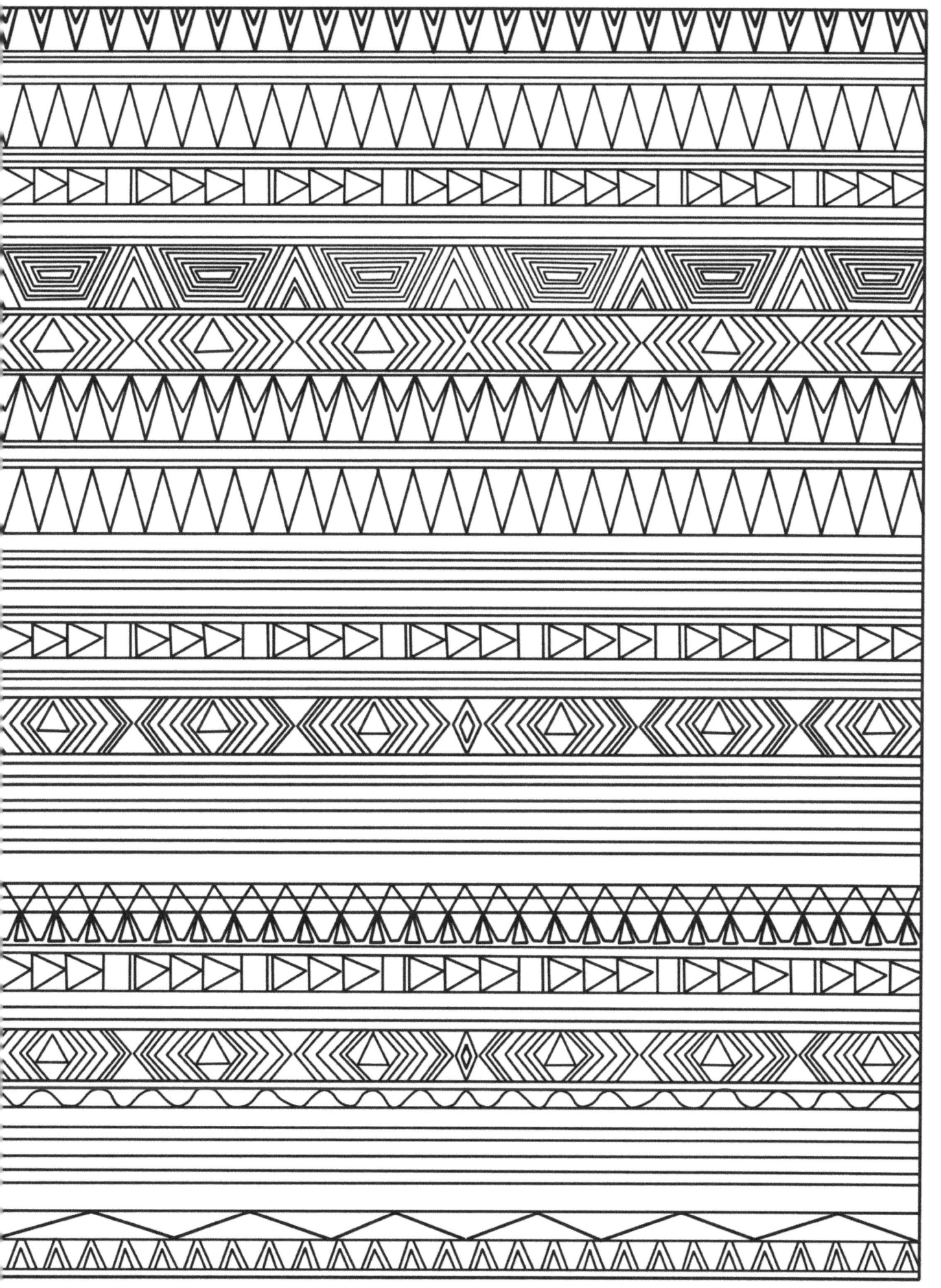

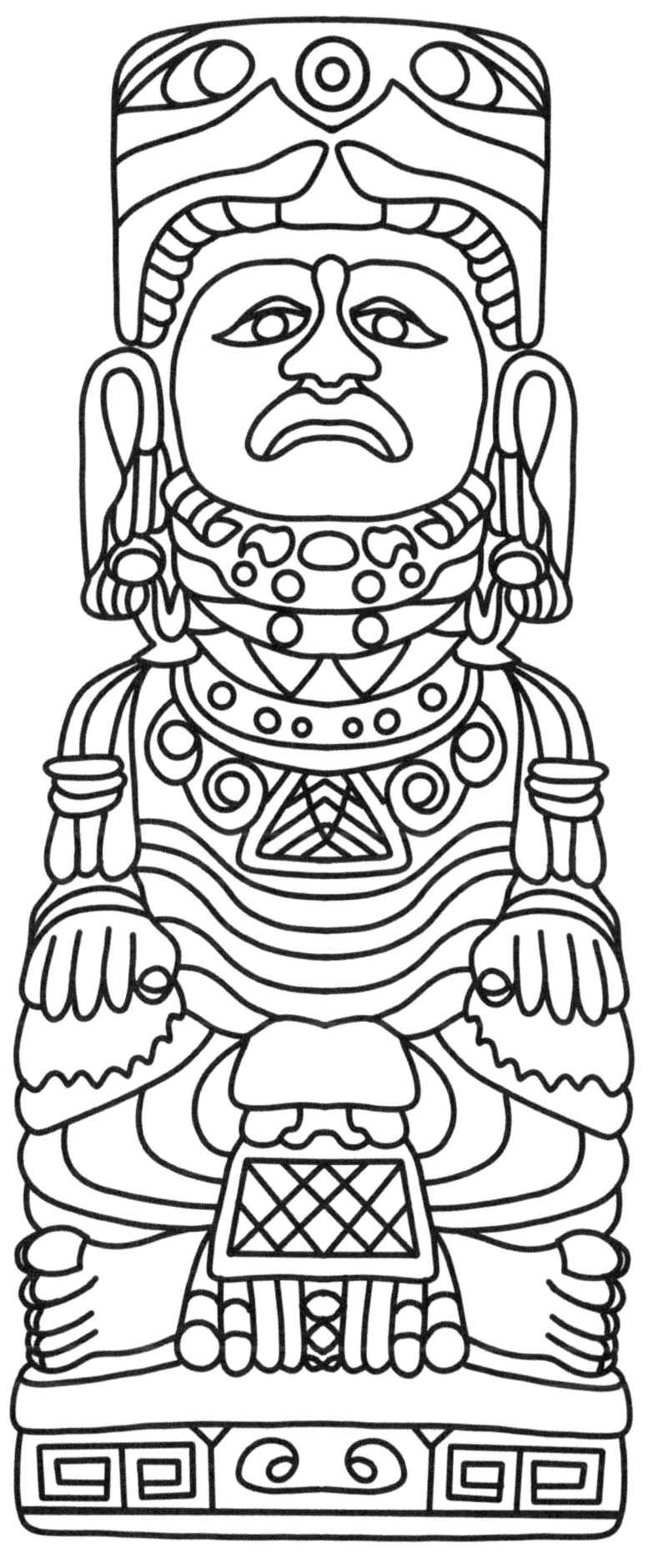

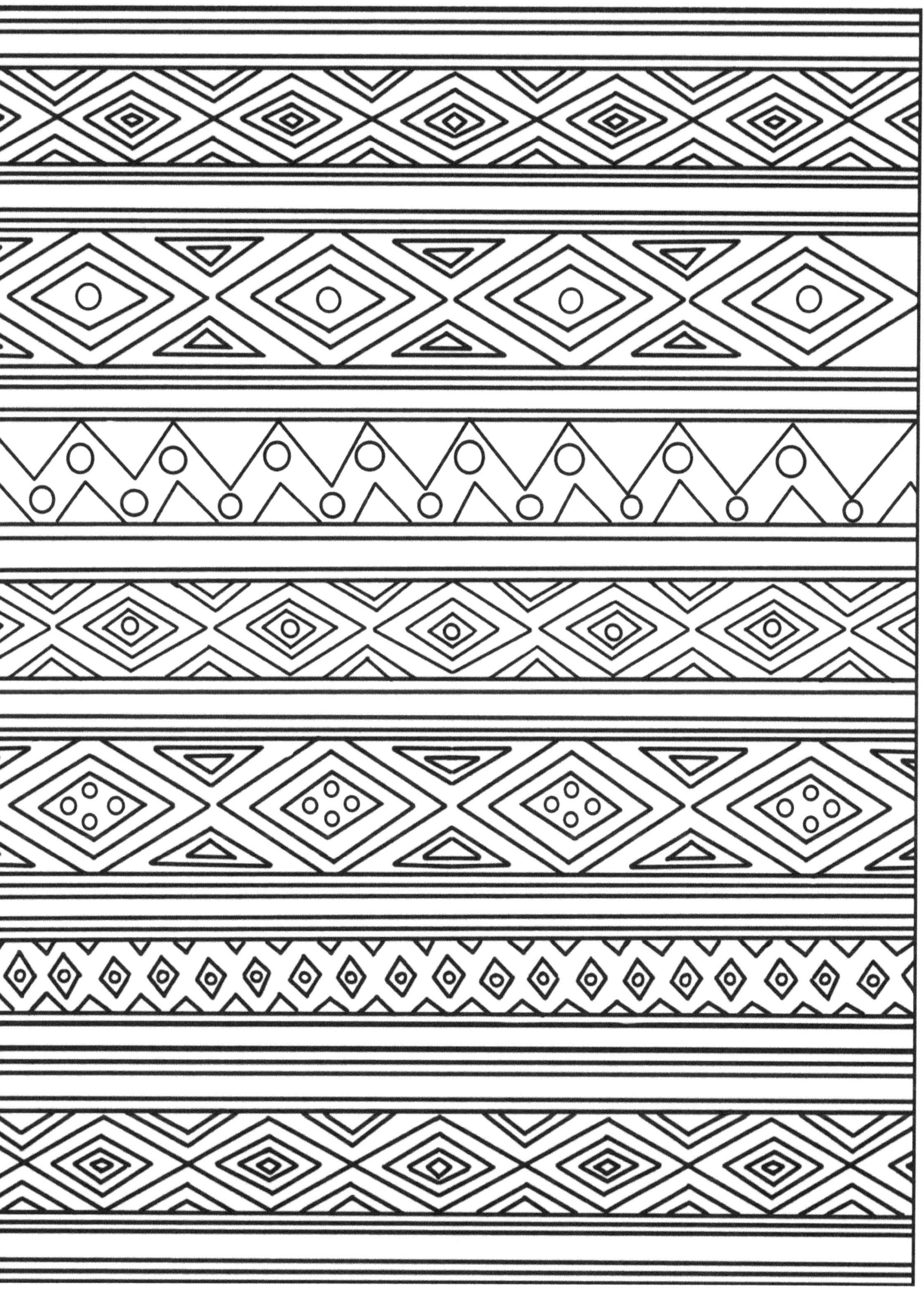

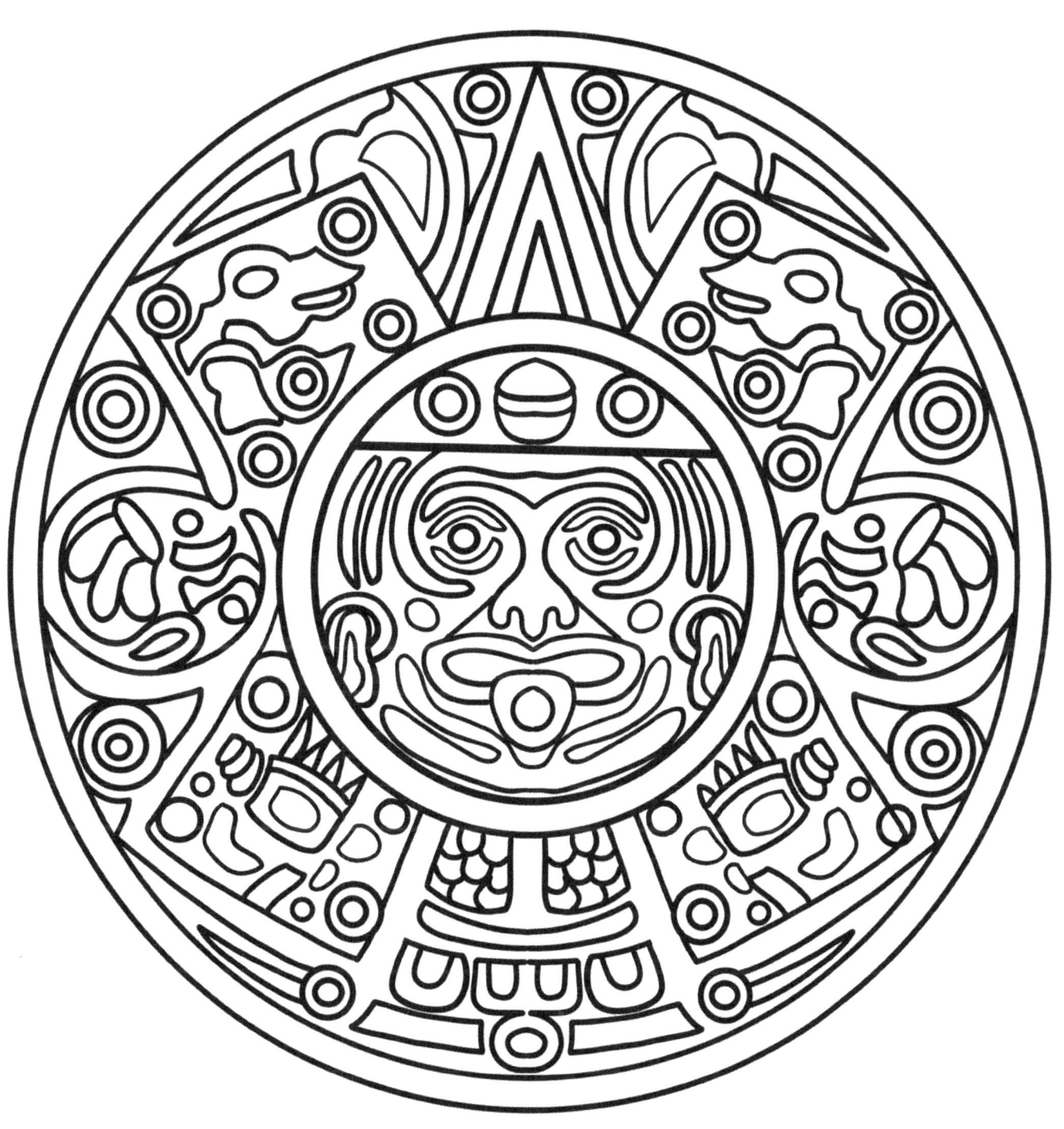

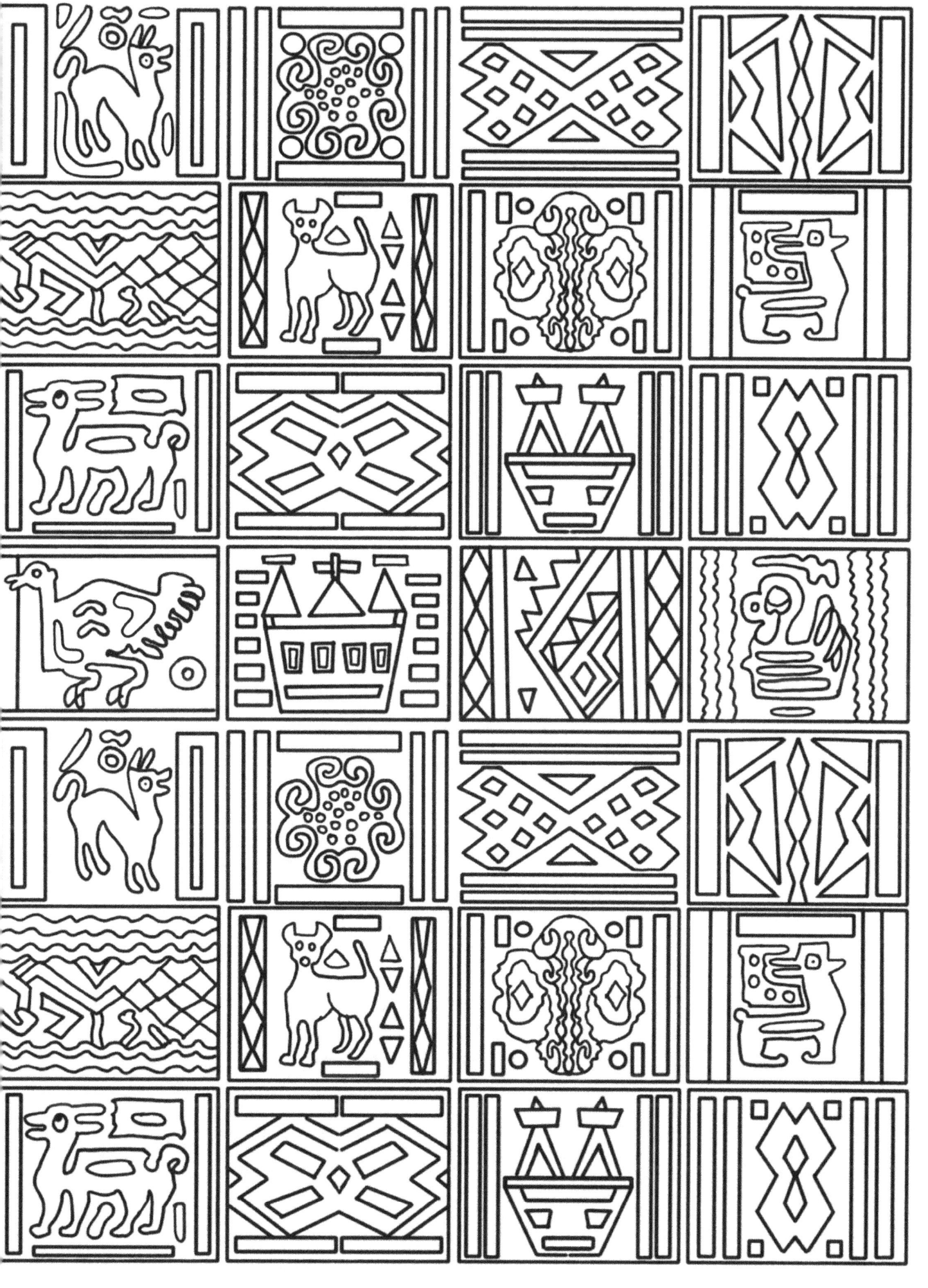

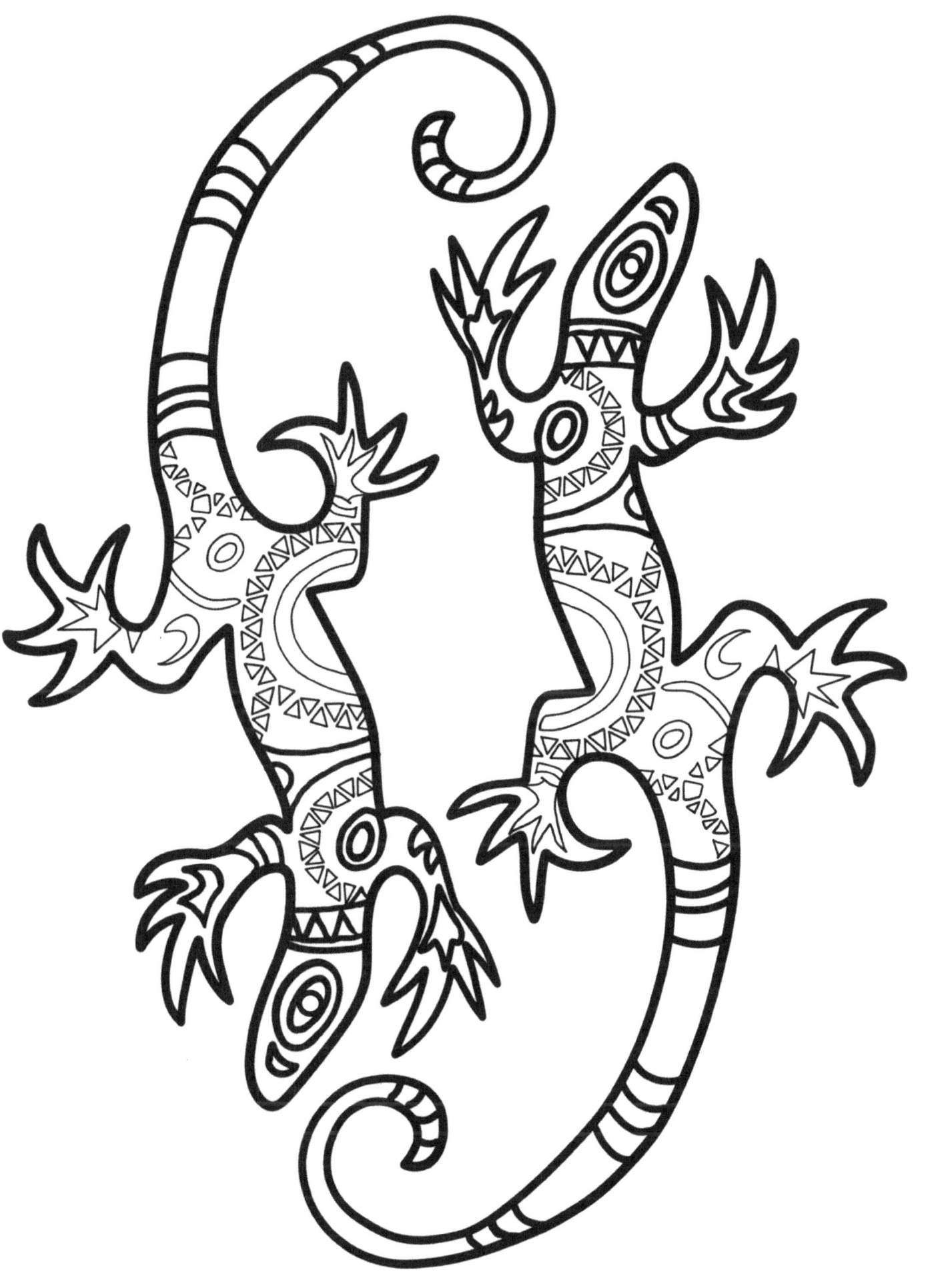

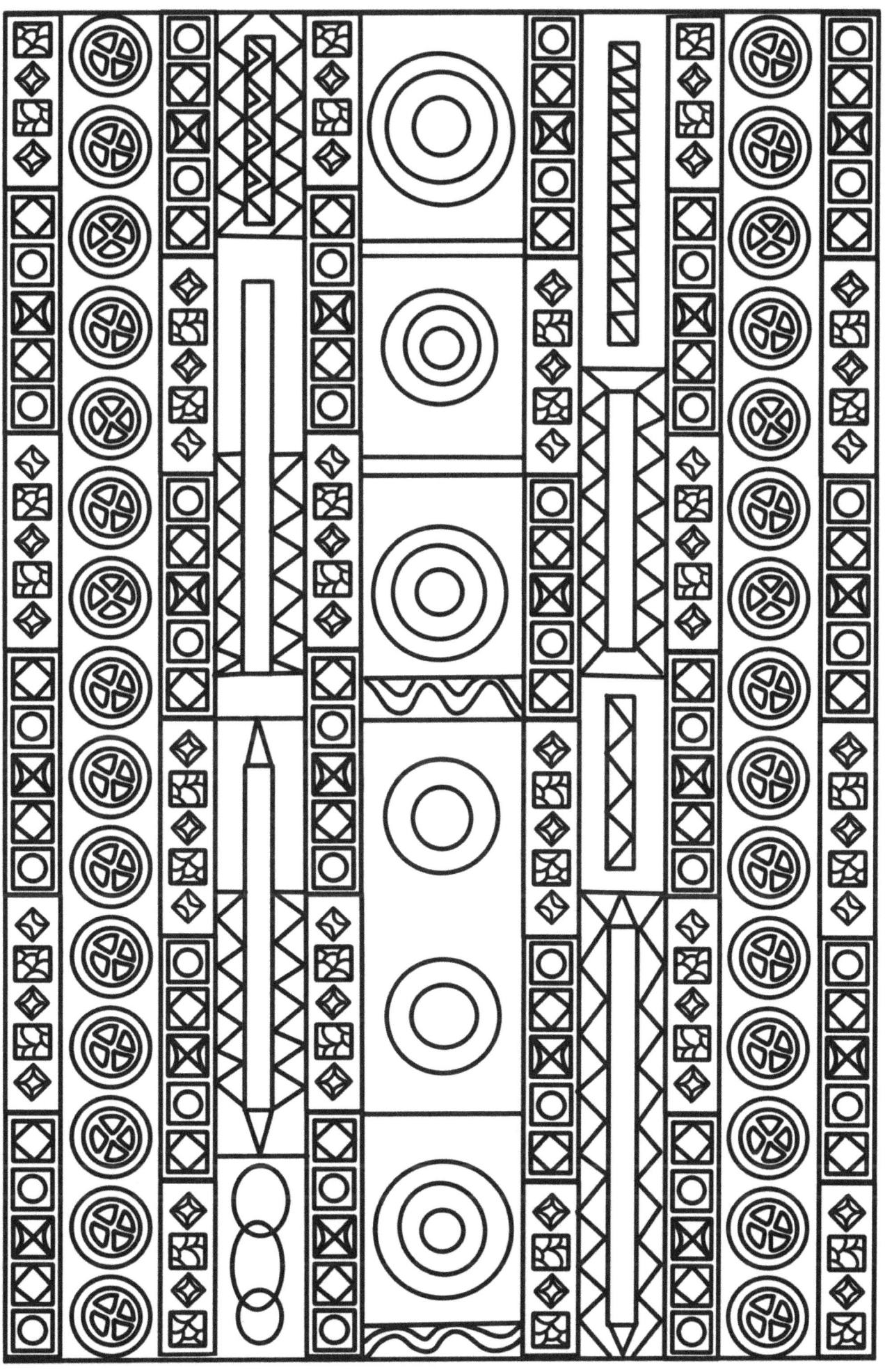

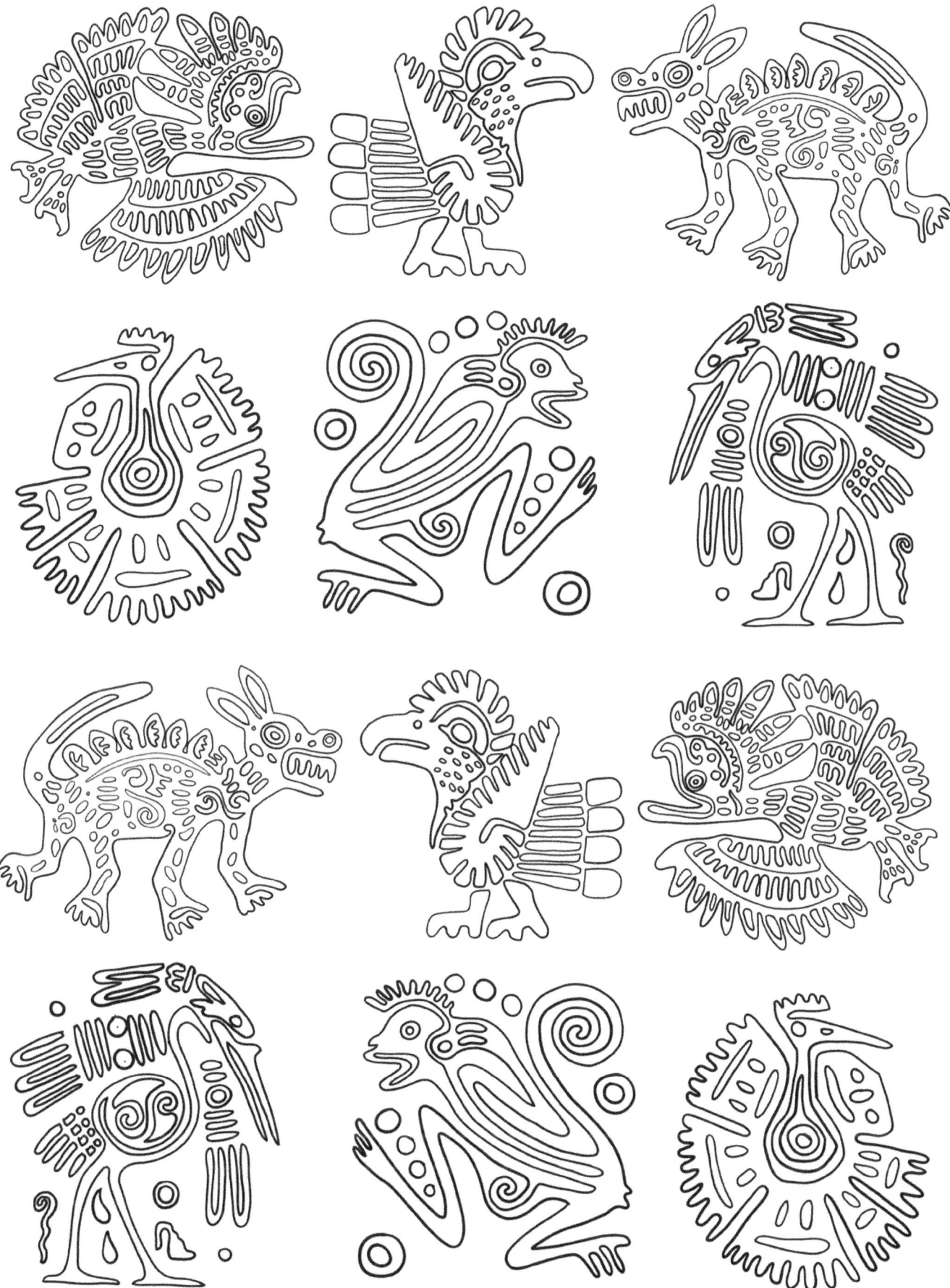

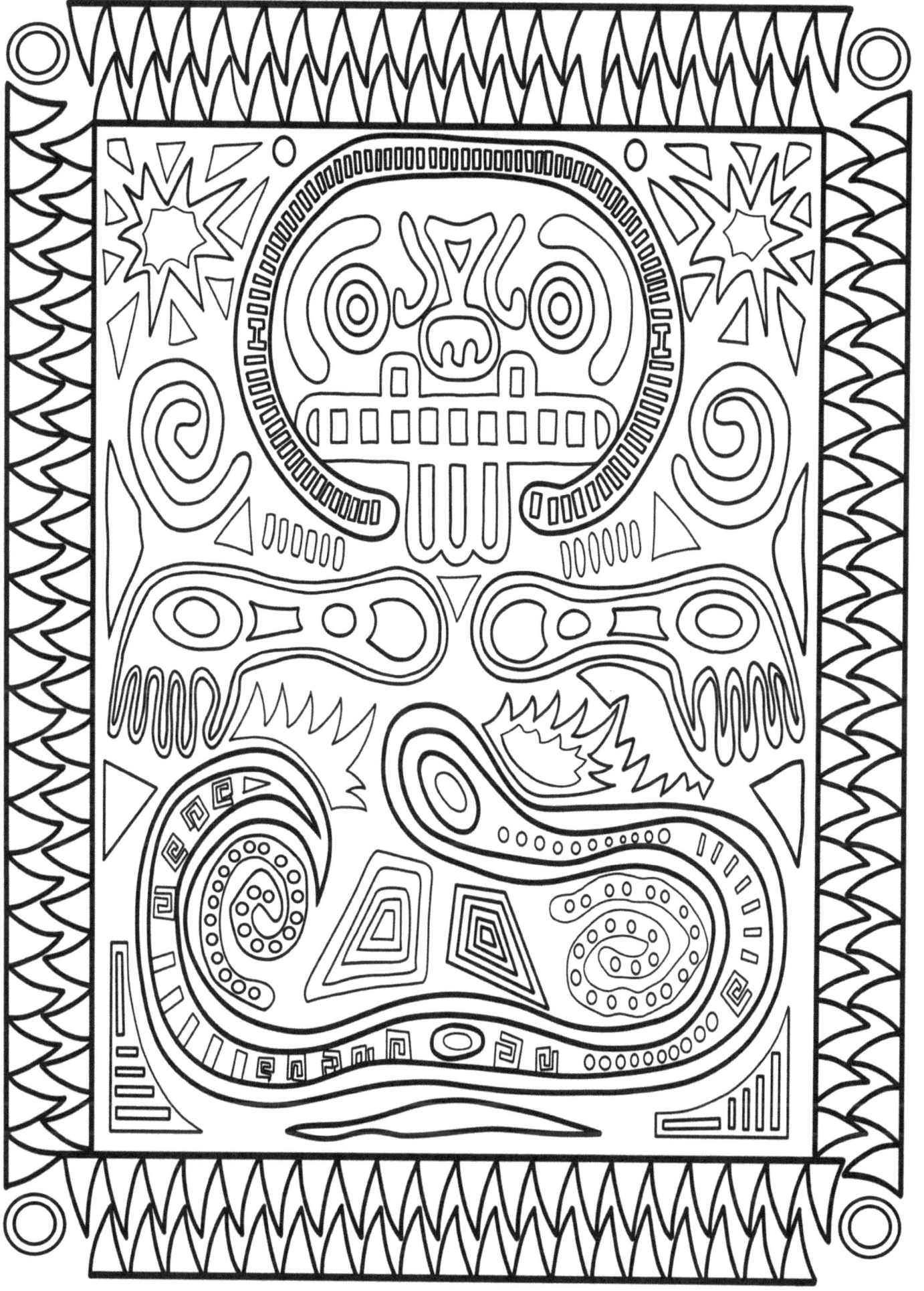

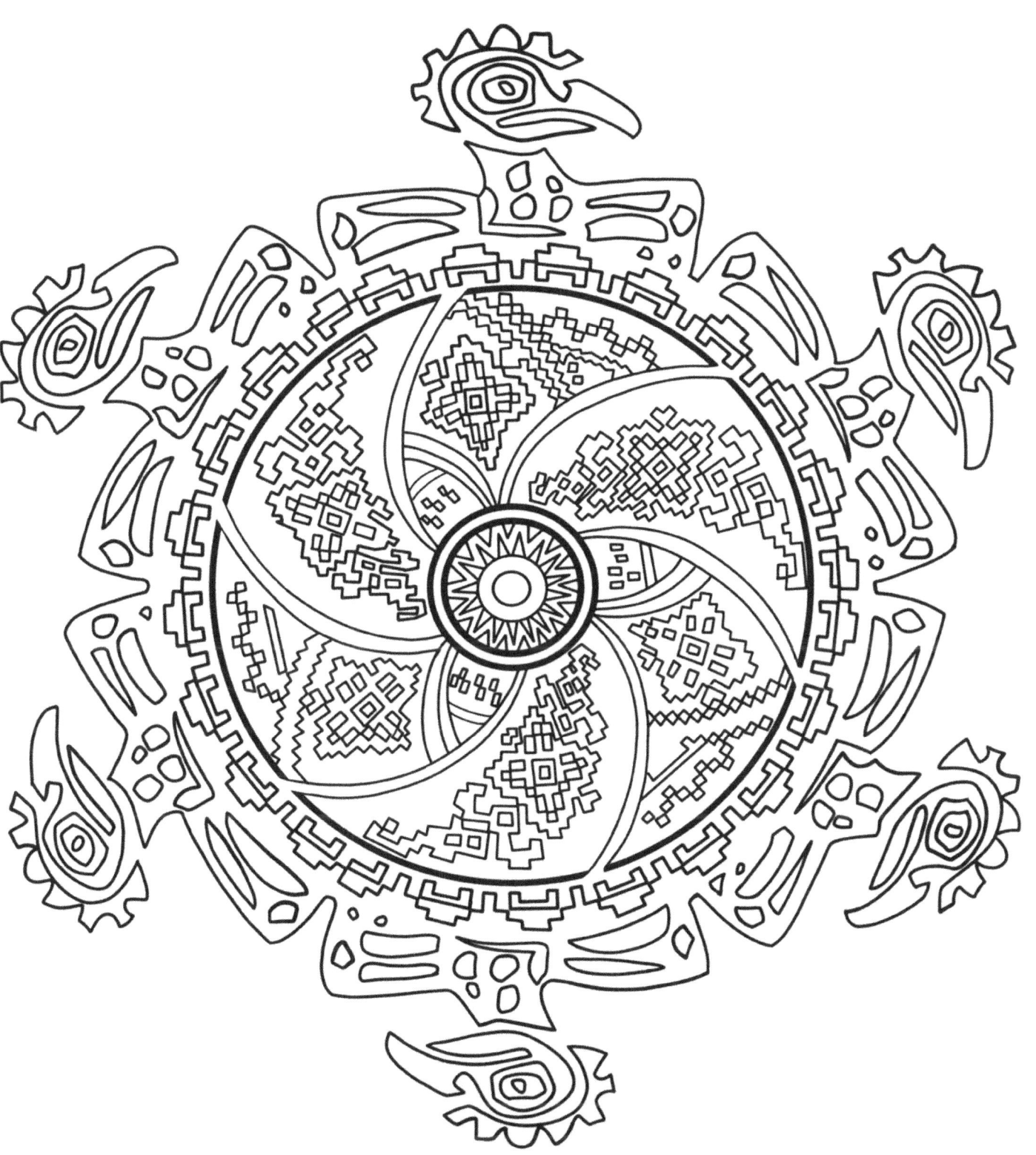

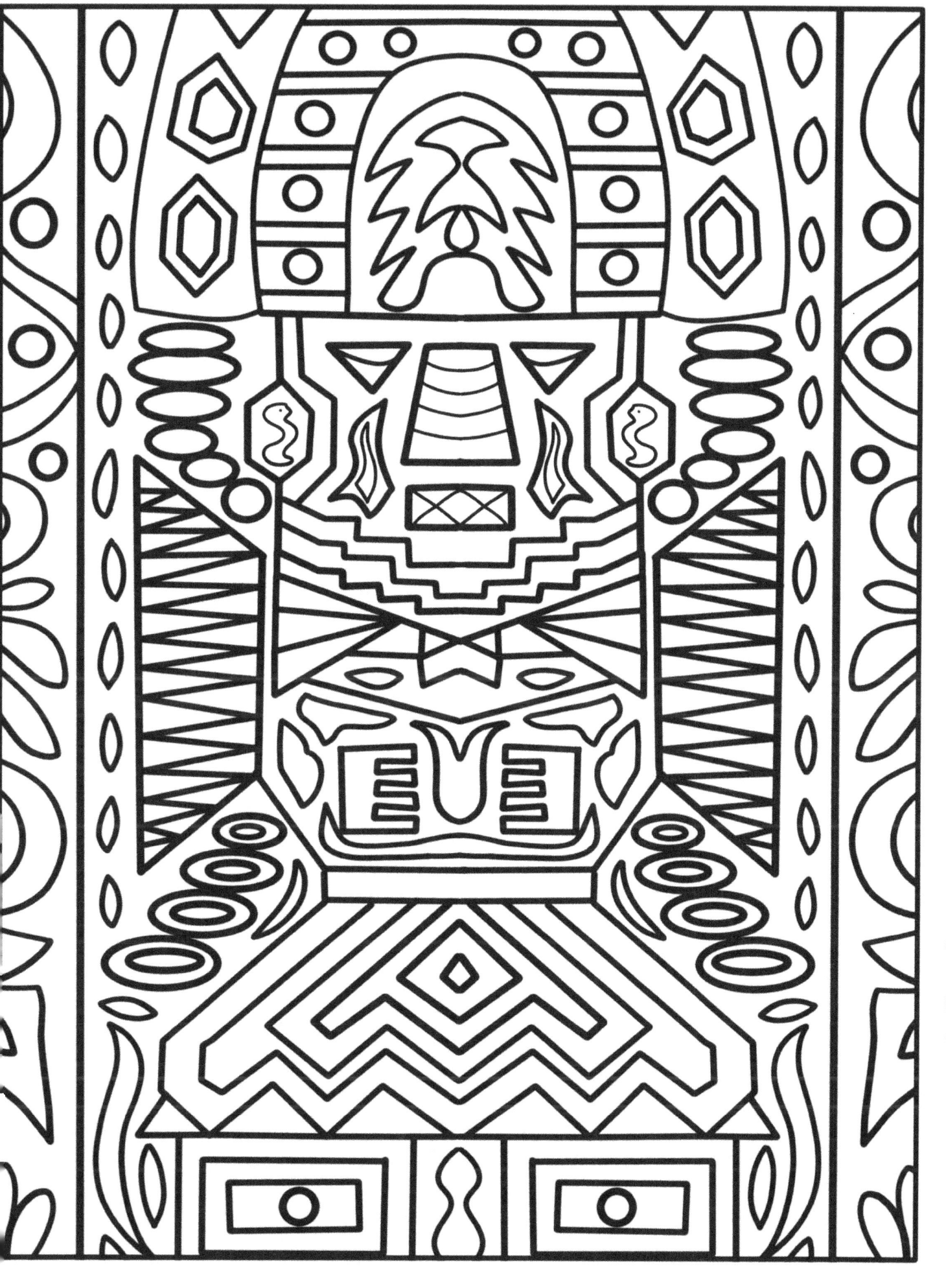

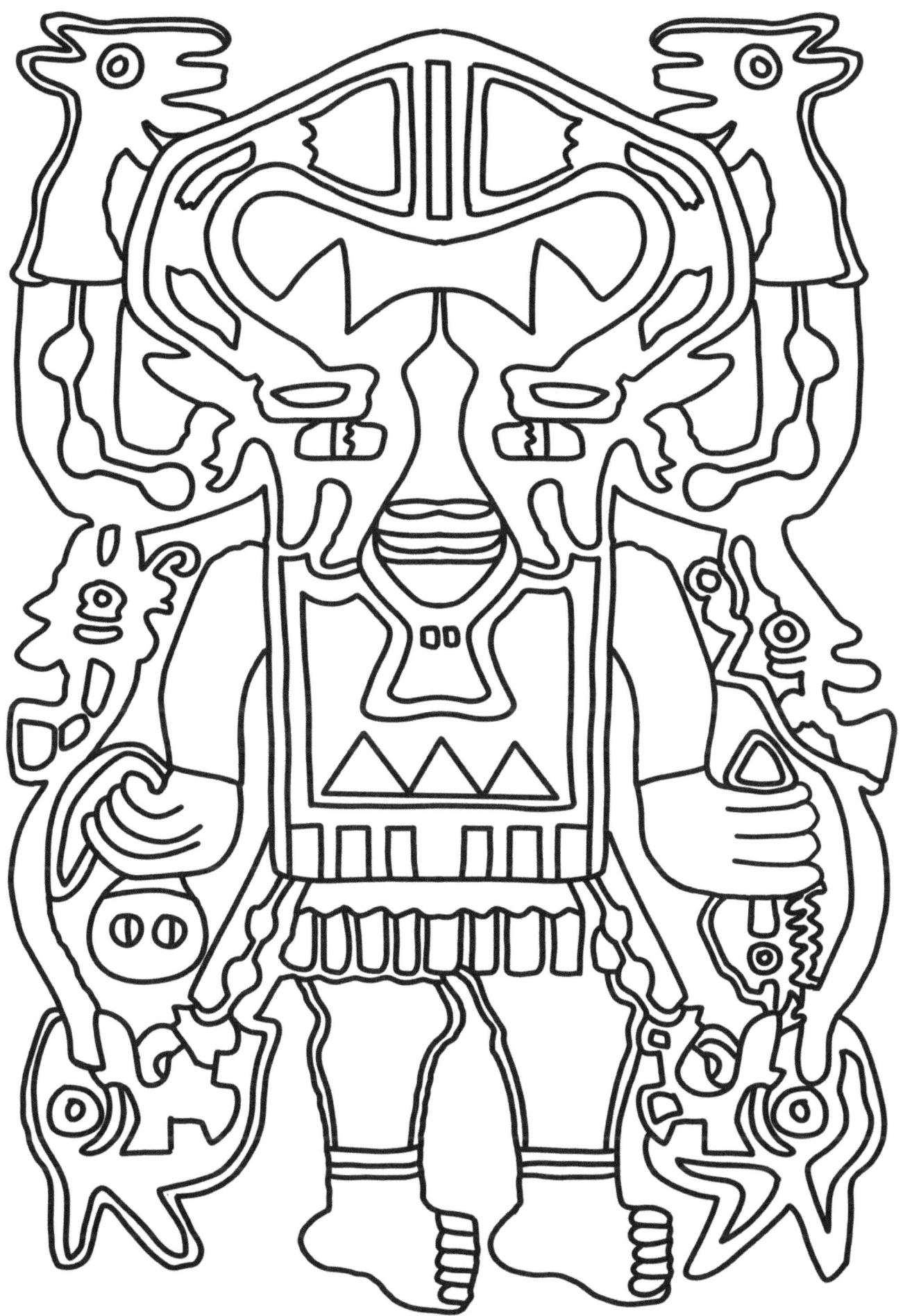

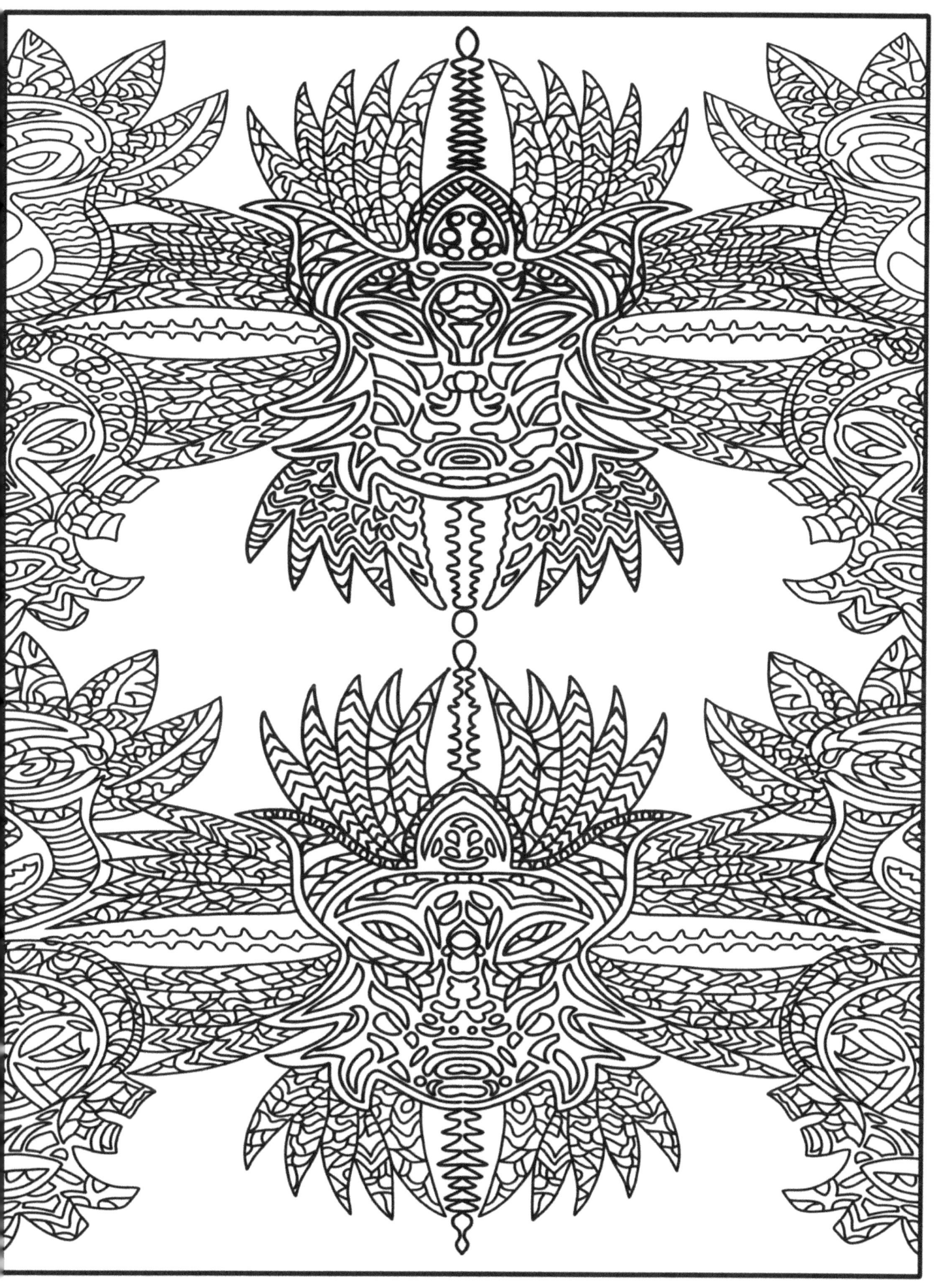

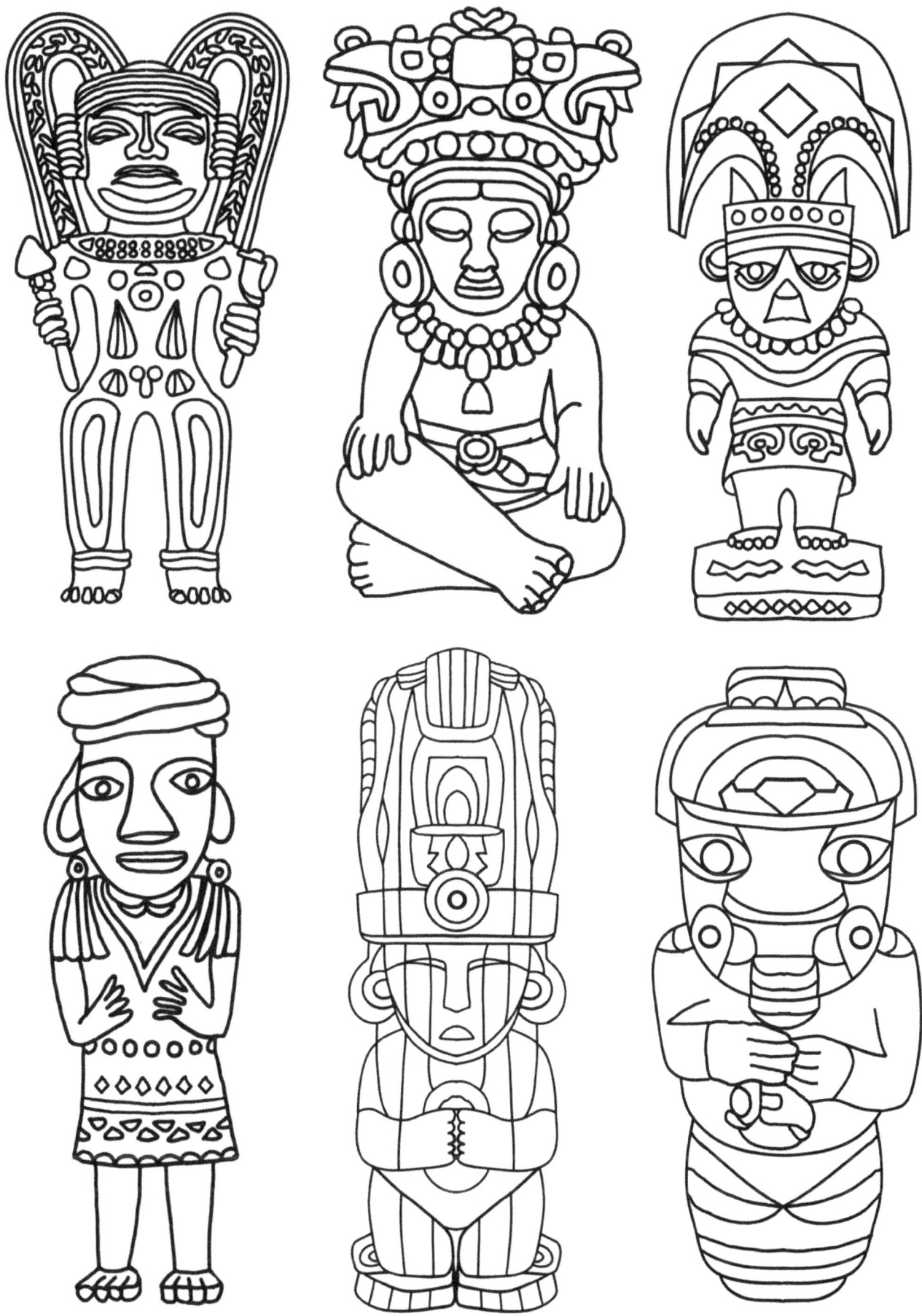

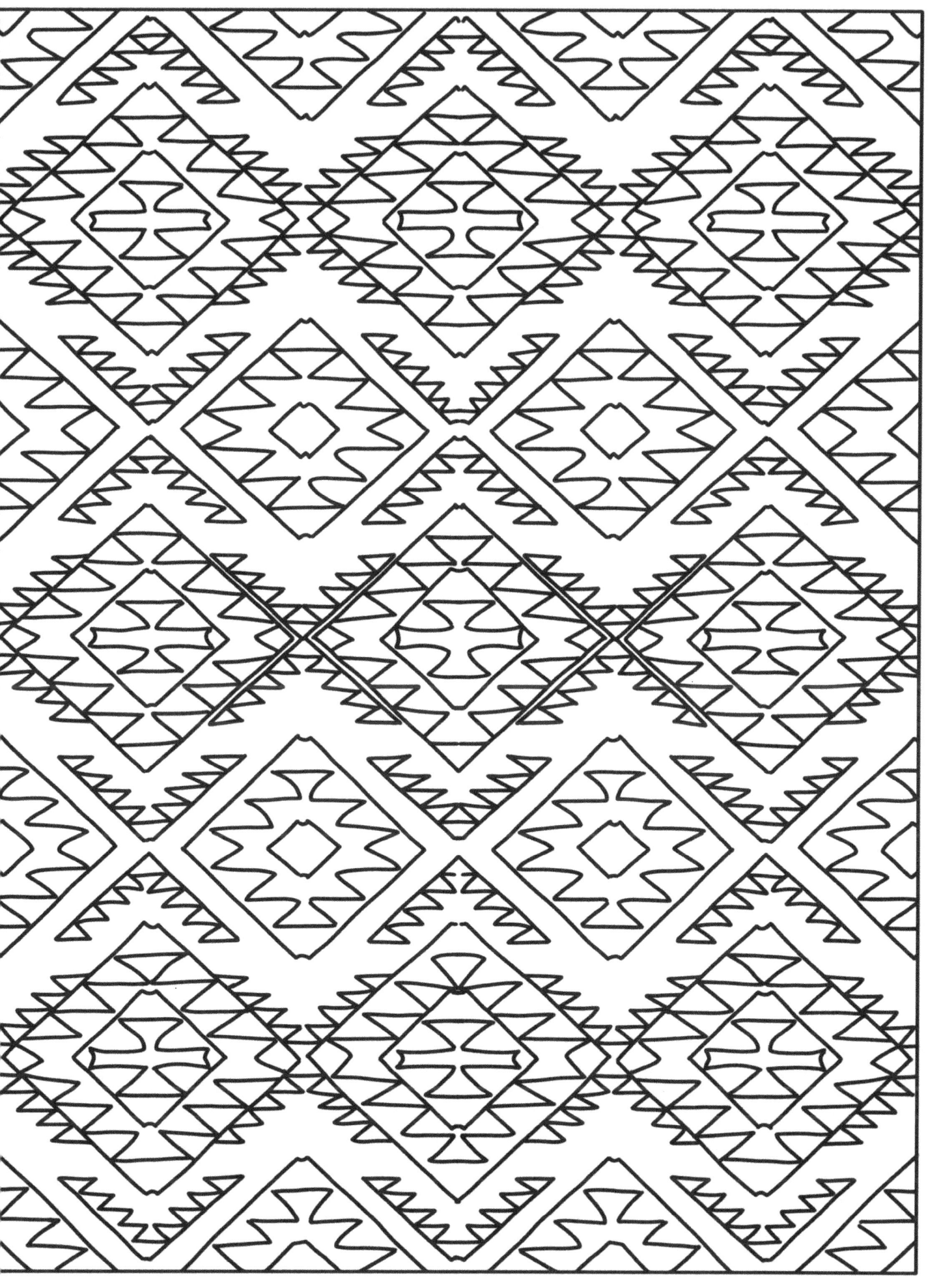

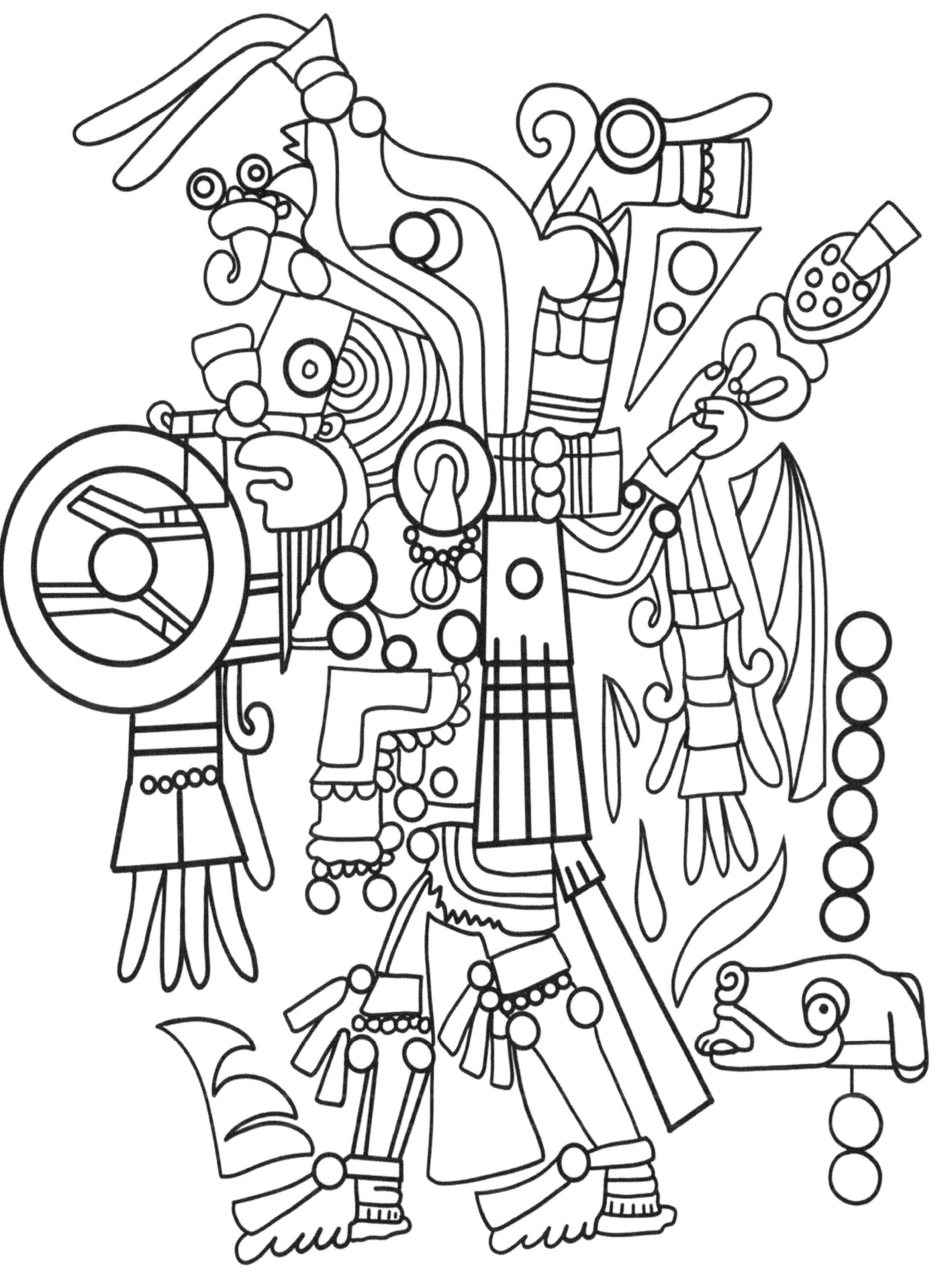

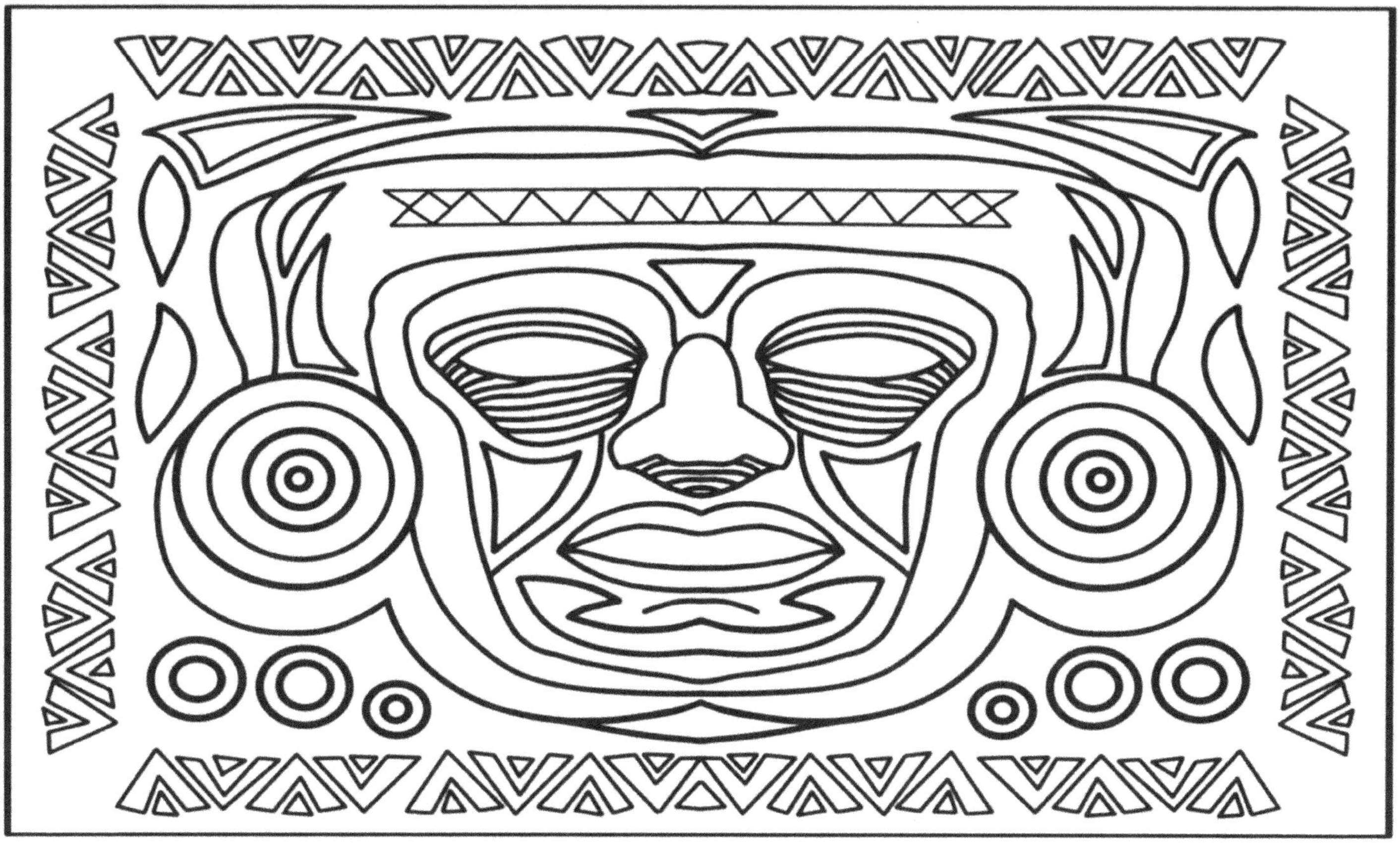

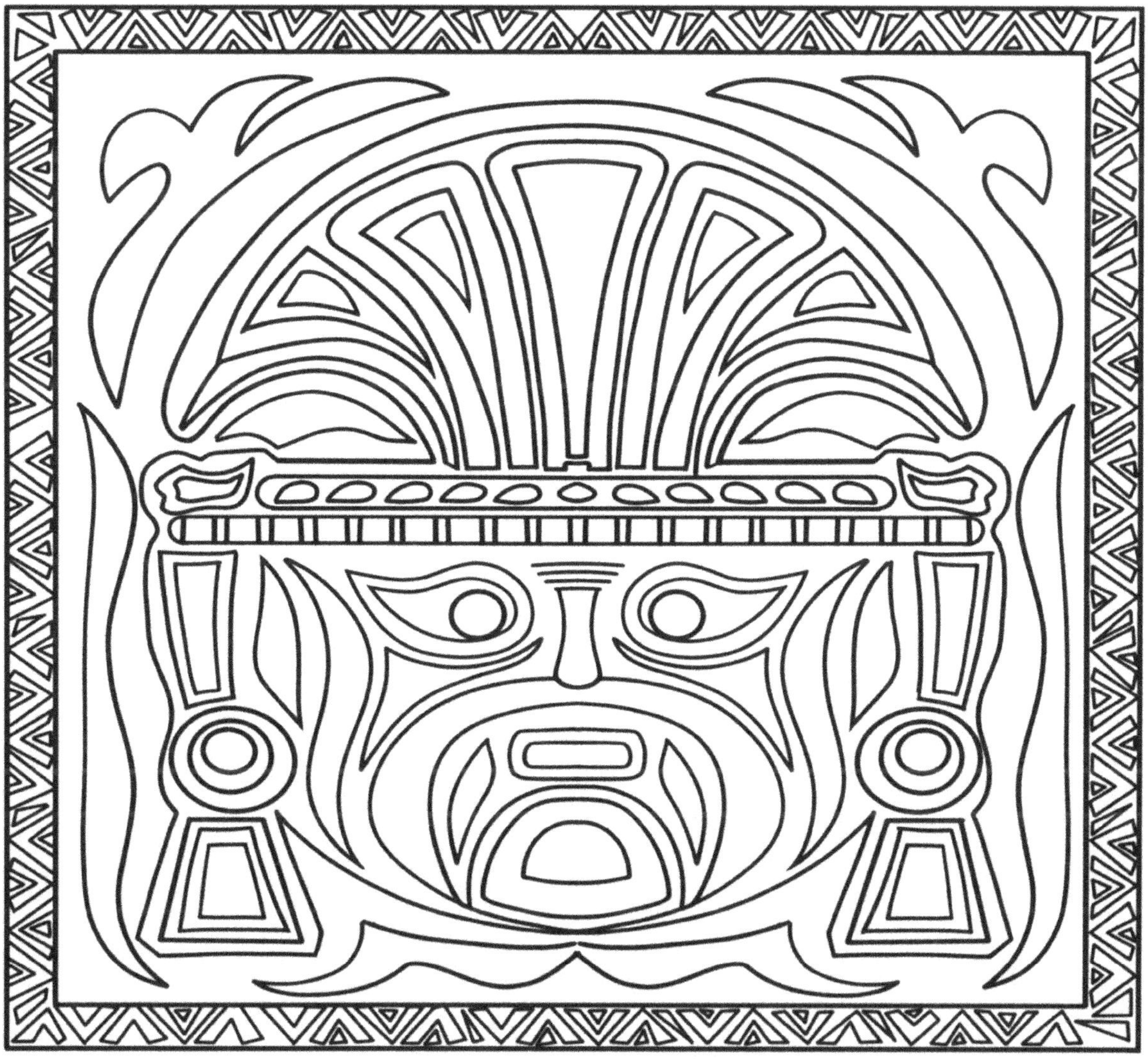

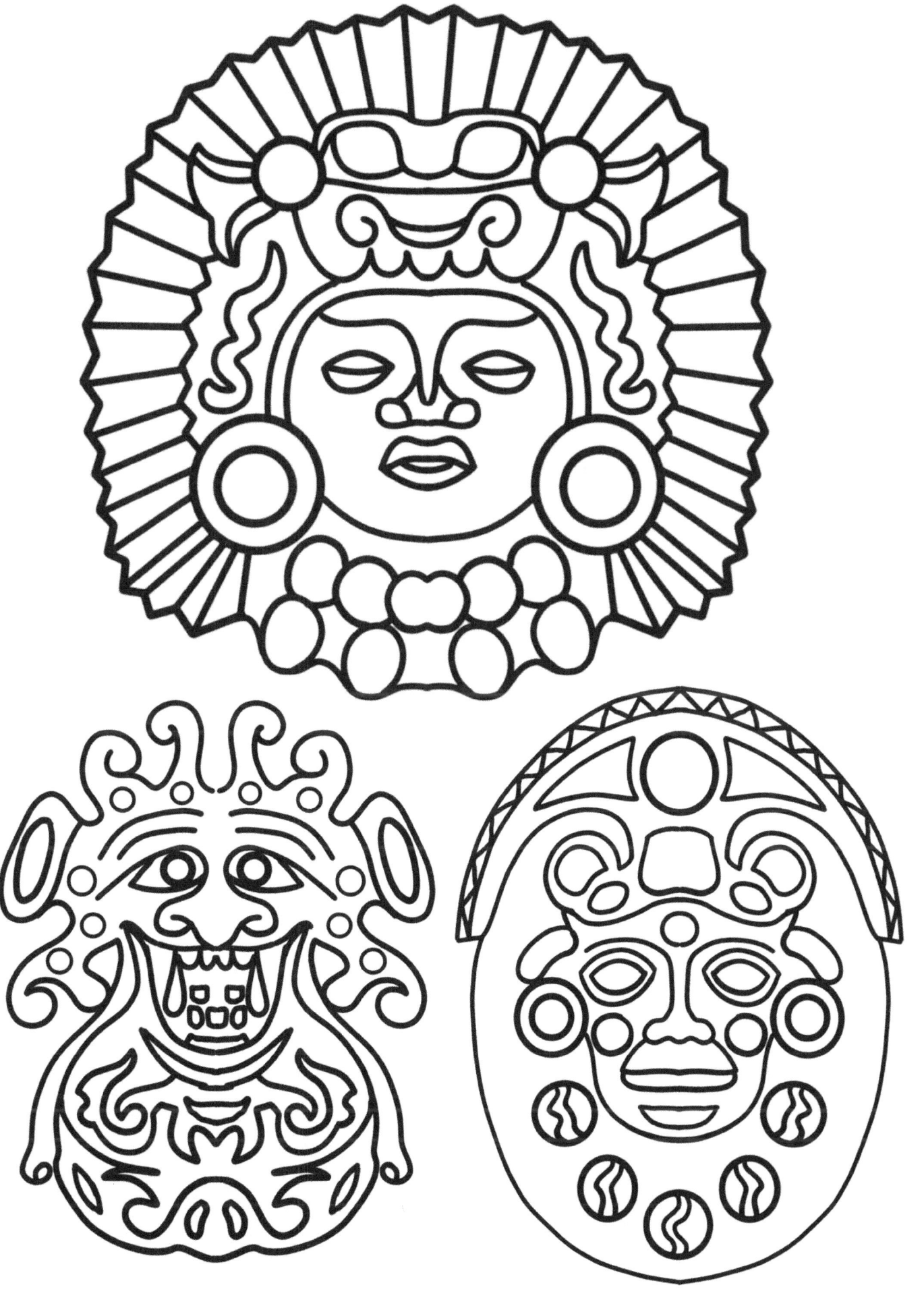

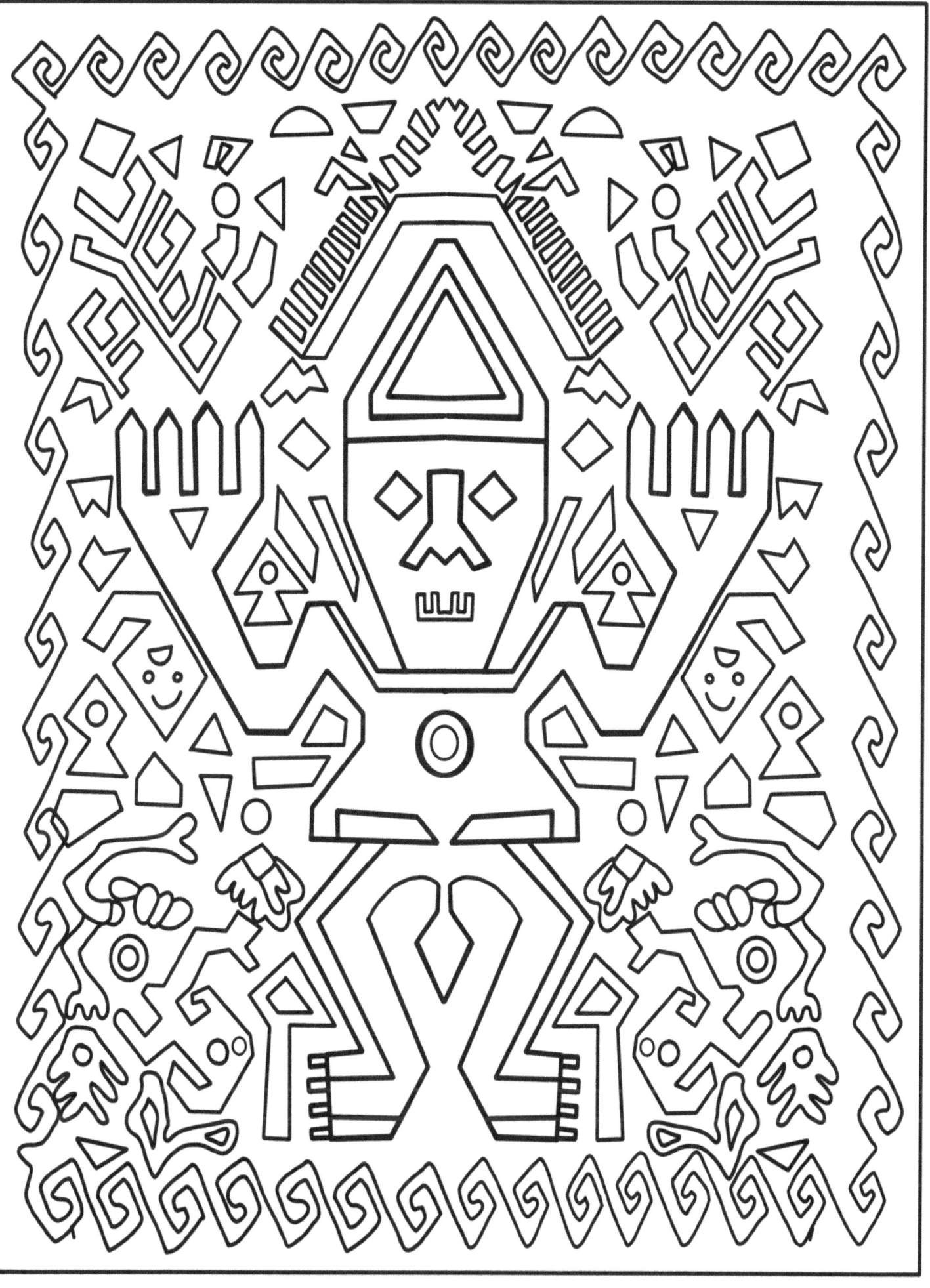

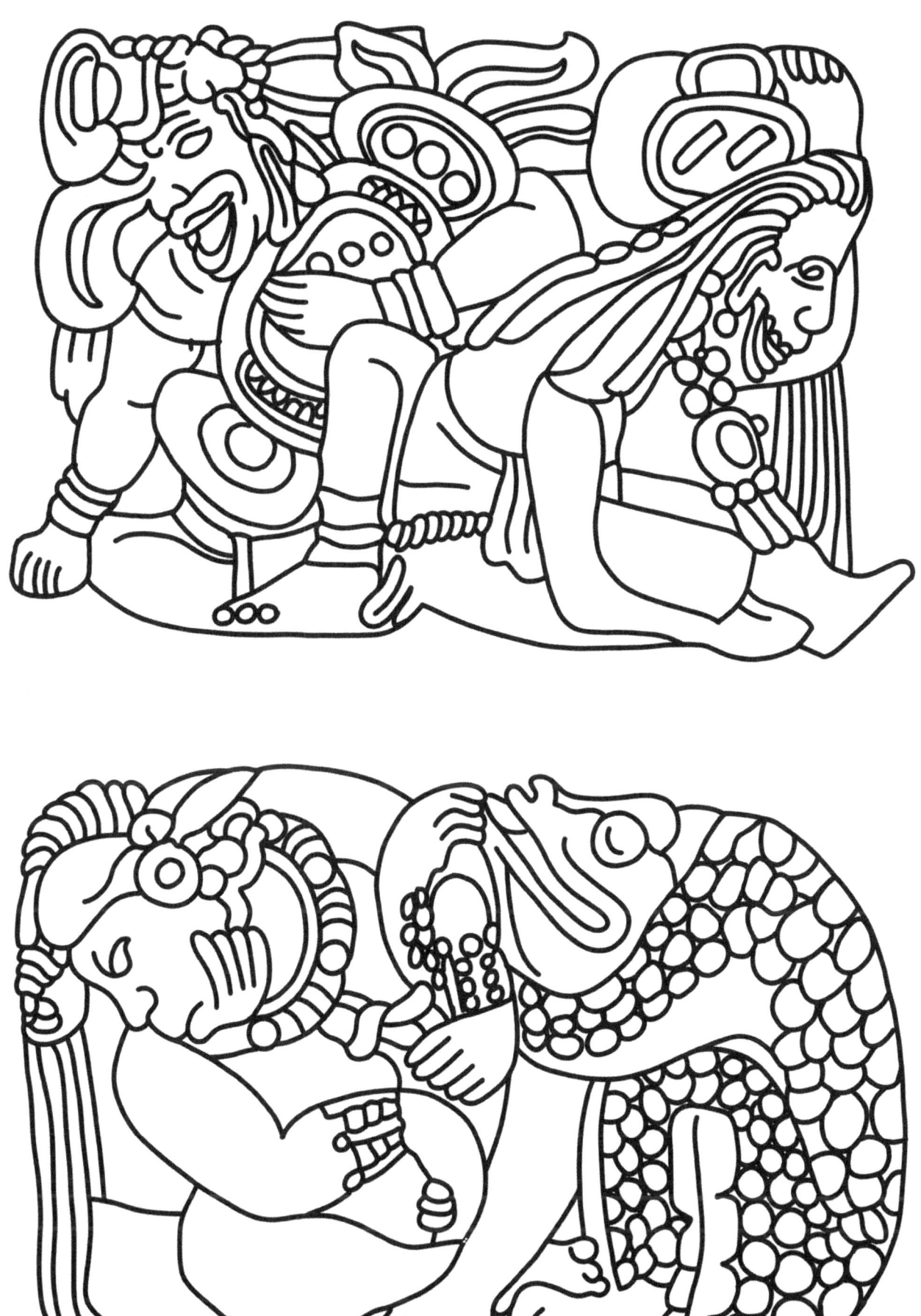

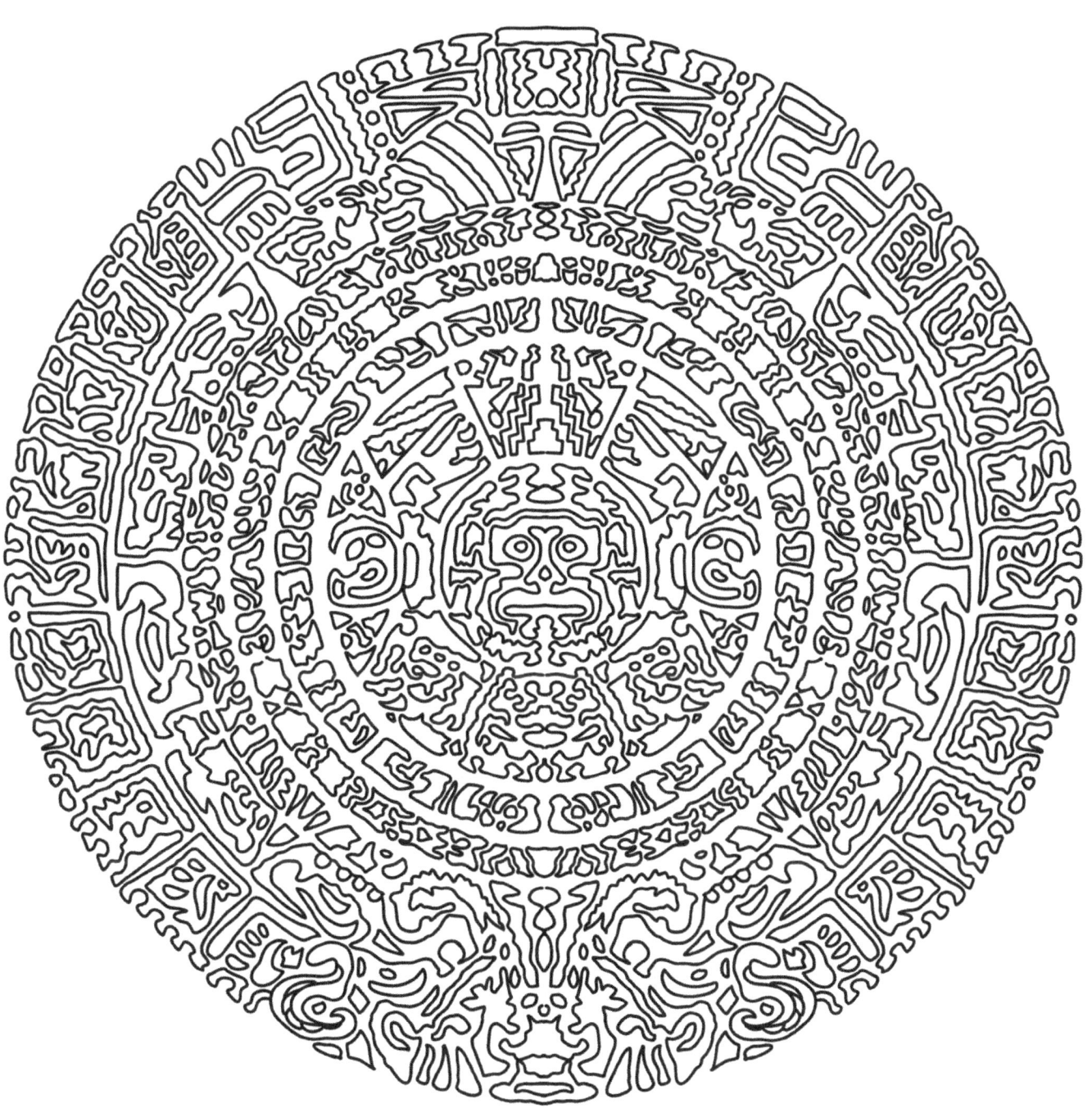

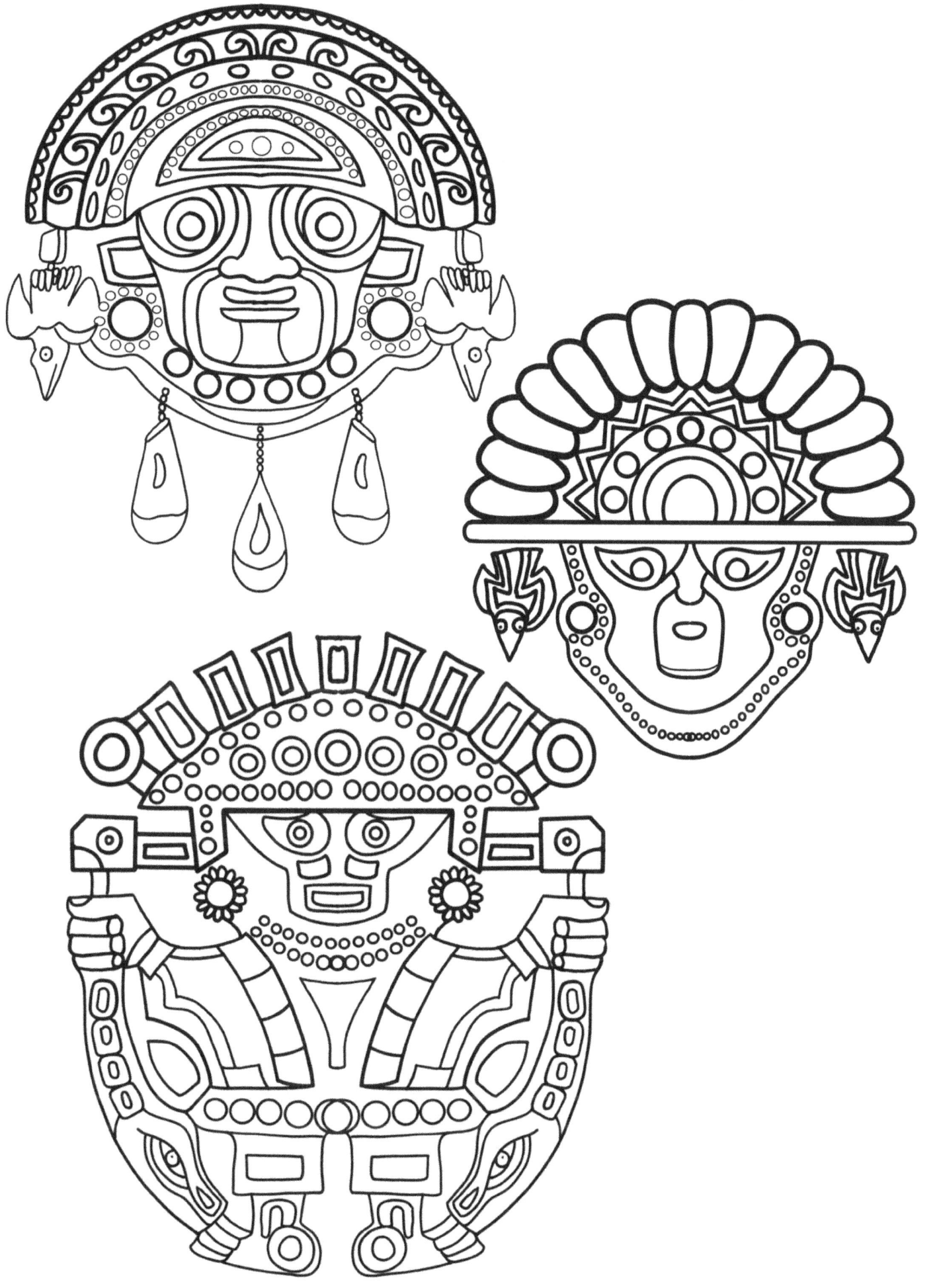

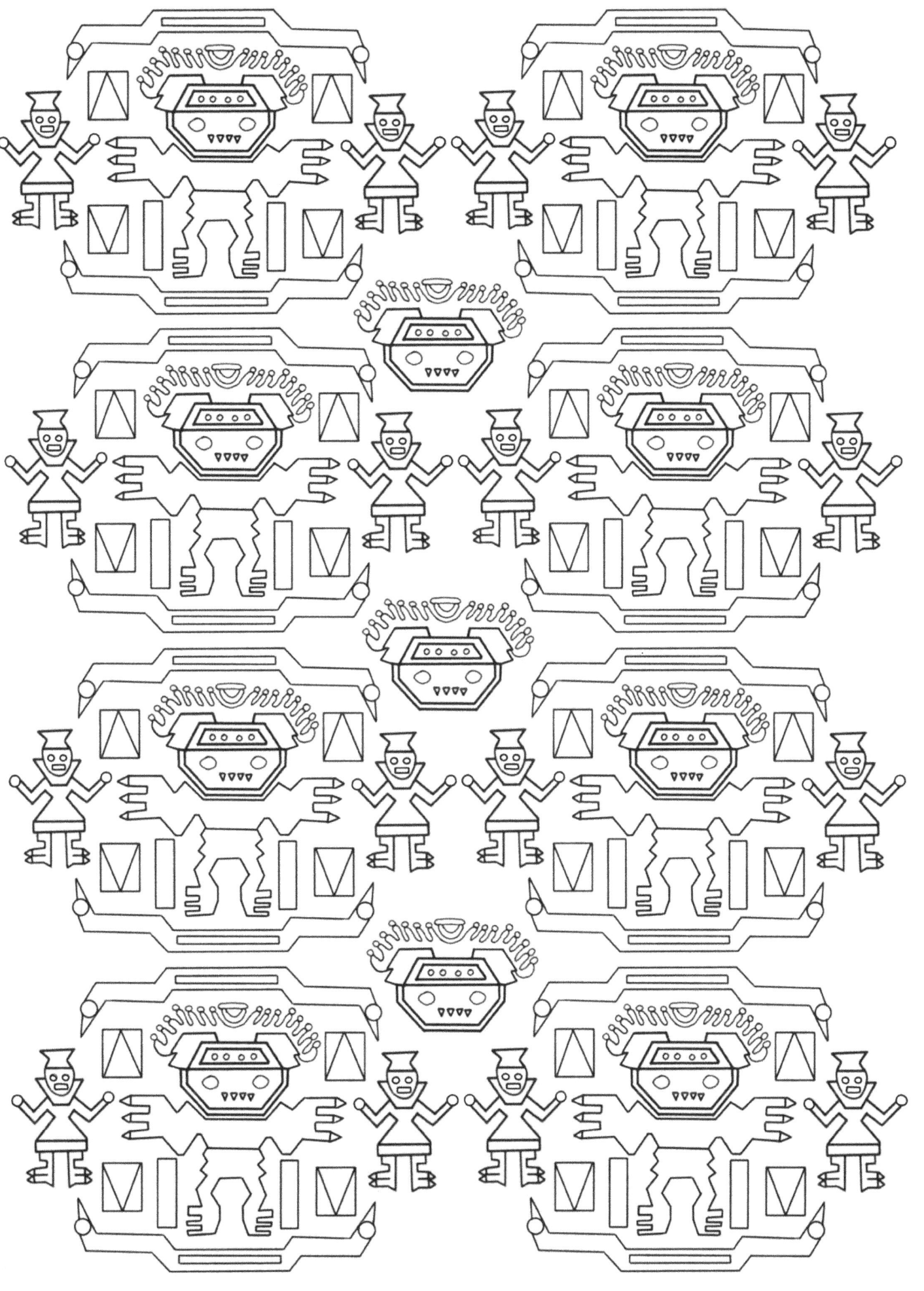

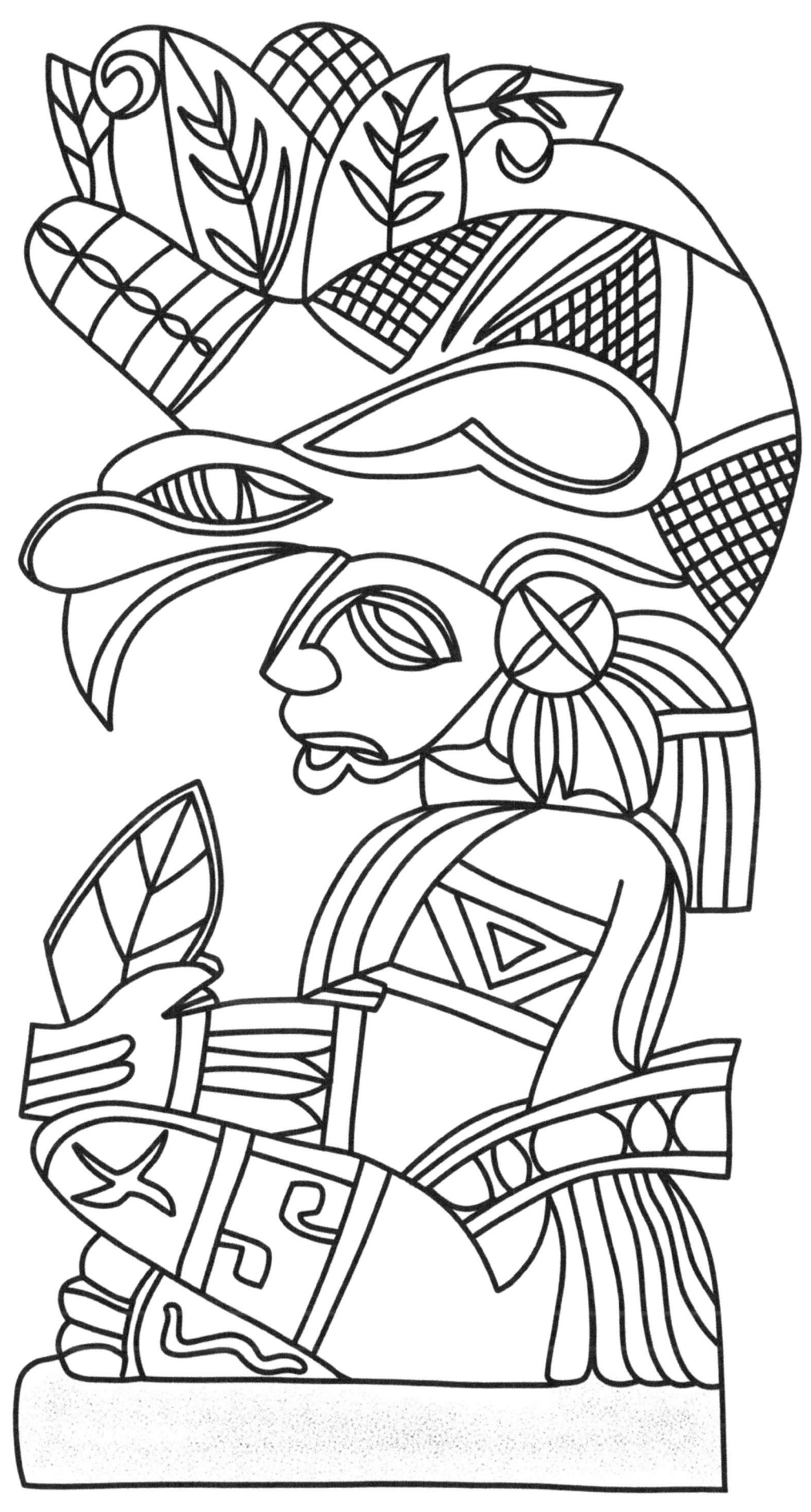

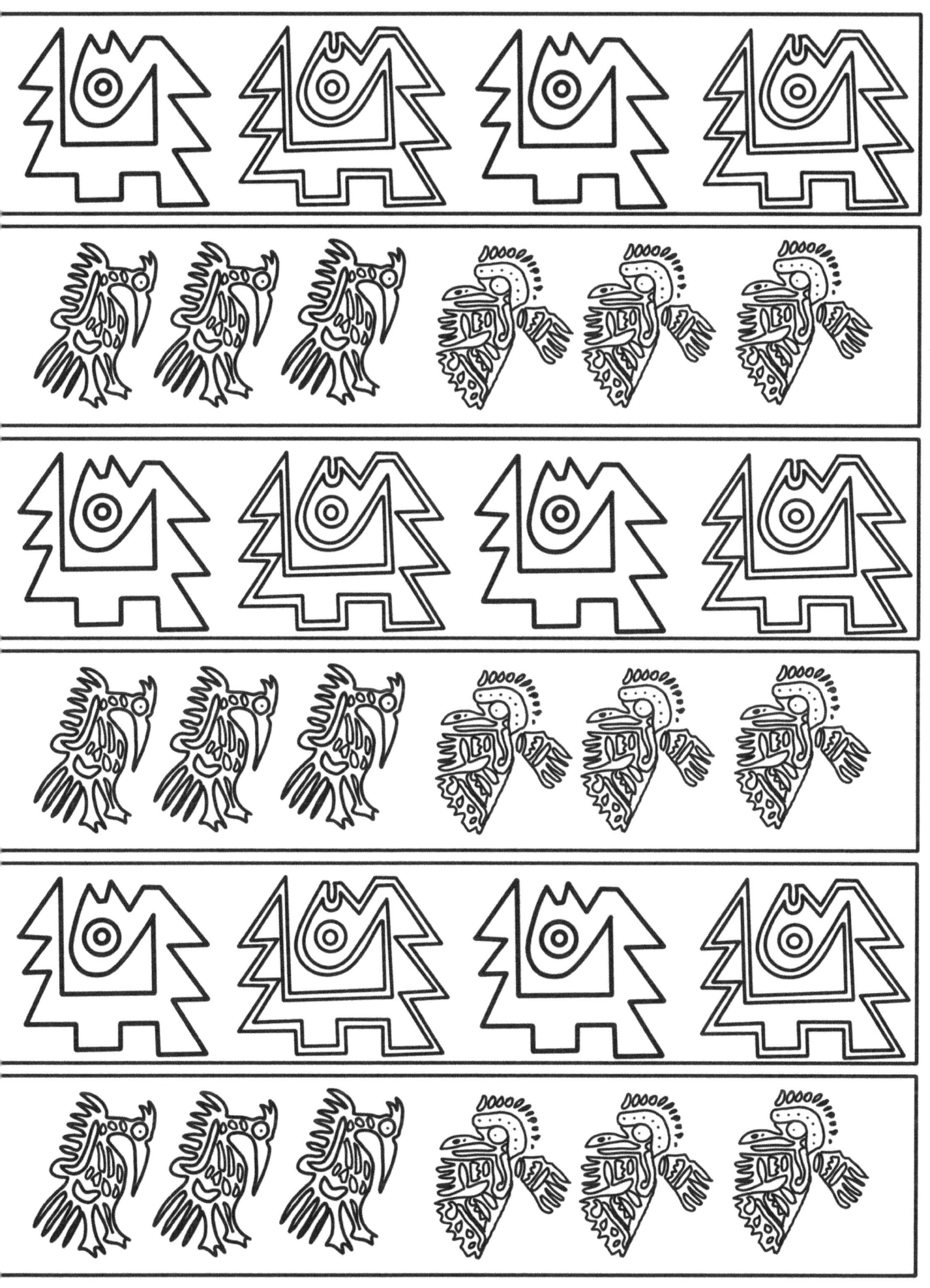

También por el mismo autor:

Cuentos infantiles
Don Armadillo
(disponible por Amazon en Inglés y Español)
Don Armadillo Libro para Colorear (idioma español/inglés)
The Lambton Worm (idioma inglés)
The Blaydon Races (idioma inglés)
Cushy Butterfield (idioma inglés)
The Bamburgh Serpent (idioma inglés)

Otras publicaciones
Dear Chile (Querido Chile)
Ganador del Reino Unido libro de fotografía digital "Digital Book Awards Go On UK 2014" – (idioma inglés)
Reunion
Basado en las pinturas al oleó de Jorge Lulić en sus mas recientes exposiciones en España – (idioma inglés)
Jovita Concha
Basado en la vida de la pintora Chilena Jovita Concha - A life dedicated to art - Una vida dedicada al Arte - Une vie consacrée à l'art –Disponible en Inglés, Español y Frances.

Todos los libros disponibles a través de Amazon.

www.jorgelulic.com
jorgelulic556@gmail.com